于漪 主编

"青青子衿"传统文化书系

家国情怀

刘强 赵欣 编著

山西出版传媒集团

山西教育出版社

图书在版编目（CIP）数据

家国情怀/刘强，赵欣编著. —太原：山西教育出版社，2016.5
（2022.6重印）

（"青青子衿"传统文化书系/于漪主编）

ISBN 978-7-5440-8348-5

Ⅰ. ①家… Ⅱ. ①刘… ②赵… Ⅲ. ①中华文化-通俗读物

Ⅳ. ①K203-49

中国版本图书馆 CIP 数据核字（2016）第 066706 号

家国情怀

JIAGUO QINGHUAI

责任编辑	郭文礼
复　审	邓吉忠
终　审	杨　文
装帧设计	薛　菲　孟庆媛
印装监制	蔡　洁

出版发行 山西出版传媒集团·山西教育出版社

（太原市水西门街馒头巷 7 号　电话：：0351-4729801　邮编：030002）

印　装	北京一鑫印务有限责任公司
开　本	889×1194　1/32
印　张	8.375
字　数	178 千字
版　次	2016 年 5 月第 1 版　2022 年 6 月第 2 次印刷
印　数	8 001—11 000 册
书　号	ISBN 978-7-5440-8348-5
定　价	48.00 元

如发现印装质量问题，影响阅读，请与印刷厂联系调换。电话：010-61424266

序　言

文化是民族的血脉，是人的精神家园。一颗没有精神家园的心灵，就会浮游飘荡，既不可能潜心思考自己生命的意义与价值，也不可能对他人有真挚的情感关切，更不可能对社会有发自肺腑的责任感。

中华传统文化源远流长，其中的优秀遗产积淀着中华民族最深层的精神追求，代表着中华民族独特的精神标志，为中华民族生生不息发展壮大提供了丰厚滋养。地哺育了一代代中华优秀儿女，支撑他们成为中国的脊梁。

成长中的青少年认真汲取其中的精华和道德精髓，就会长智慧，明方向，增力量，懂得自己根在何处，魂在何方。经典活在时间的深处，价值追求，在文字海洋里奔腾。《"青青子衿"传统文化书系》助你发现其中蕴含的优秀文化基因，探寻当下时代的使命，让您有渴饮琼浆的快乐，醍醐灌顶的惊喜。

于漪 2015年岁末

前　言

进入 21 世纪的中国，她正以坚实的脚步和不懈的努力，再次赢得世界的尊重。然而与日益强大的经济实力相比，我们的文化自信力还有待深度培育。所有的教育工作者可能都曾思考过同一个问题：中国是一个拥有五千年灿烂文明的古国，该如何让新时代的青少年继承、发展，并在此基础上有所创新？

新时代的青少年是我们见到过的眼界最为开阔的一代，改革开放、互联网分别从思想和技术层面为他们打开了通往世界的大门，多元化的思想让他们有可能成长为最为睿智的一代。但无论走到哪里，他们的根都深深扎在这片土地，相同的语言习惯、思想观念，相近的价值观和情感认同，把大家牢牢地联系在一起——如舒婷的那首《致橡树》所言，"根，紧握在地下；叶，相触在云里"。中华优秀传统文化就是这条深植于地下的根脉，它不但凝聚了祖先的智慧，也凝聚了中华民族博大宽广的胸怀，抓住了这条根，就抓住了中华文明的血脉，从而让每个中国人都能真正获得文化自信。

中华传统文化内涵极为丰富，传承自然应该精心选择其中最优秀的部分。相比较而言，儒家"修身以礼"和"兼济天下"的思想情怀对后世知识分子影响最为深远，而释、道、墨、法、农、兵家的思想，在国民的人格之中也多有渗透。所以本书中的选文以儒家济世精神为主线，兼采各家各派的言论和记述。其次中华优秀传统文化的传承还应该符合青少年的认识特点。青少年文言文的基础不深，且更喜欢带有故事性质的文字，因此选文以各种历史著作中的故事为主，每篇文言文故事后面都有比较通俗的注释、译文和义理揭示，其风格力求简单易懂。

本书的重点在于弘扬以家国一体为特征的爱国情，以经邦济世为特征的强国梦，以荣辱与共为特征的兴国志，以及普遍存在的社会人文关怀，希望在历史与现实之间架起一座桥，为青少年在成长道路上提供一份有分量的参考。内容具体分为八章：实干兴邦、勇赴国难、恪尽职守、心系苍生、公共情怀、承继家风、尊师勤学、乐善好施。其中前五章的编写工作主要由刘强承担，后三章由赵欣承担，刘贵松老师在体例的确定和第五章的编写方面给出了至关重要的指导。

当然，今天我们谈论继承优秀的传统文化并不意味着走向封闭与复古，而是要带着时代的眼光审视过去的一切。继承优秀的传统文化也不意味着裹足不前，而是要创造发展，要与时俱进。因此，青少年应该带着理性的头脑和批判的眼光阅读这些故事，要让故事成为思想的素材，不要为编者的观点所束缚，那么编者就会感到非常地幸运了。

李建生

目录

第一章 实干兴邦

第三章　恪尽职守

第四章　心系苍生

第八章　乐善好施

第一章　实干兴邦

一　大禹治水济民

【原文选读】

帝曰："来，禹！汝亦昌言①。"

禹拜曰："都②！帝，予何言？予思日孜孜③。"

皋陶曰："吁！如何？"

禹曰："洪水滔天，浩浩怀山襄陵④，下民昏垫⑤。予乘四载⑥，随山刊⑦木，暨益奏庶鲜食⑧。予决九川，距⑨四海，浚畎浍⑩距川；暨稷播⑪，奏庶艰食⑫鲜食。懋迁有无，化居⑬。烝民乃粒，万邦作乂⑭。"

皋陶曰："俞⑮！师汝昌言。"

（选自《尚书·益稷》）

注释:

①昌言：直言不必忌讳。

②都：表赞美的叹词。

③孜孜：勤勉，努力不懈怠。

④怀山襄陵：包围了大山，漫上了山岭。

⑤昏垫：沉没陷落。

⑥四载：四种交通工具。

⑦刊：砍削。意思是砍树木作为认路的记号。

⑧暨益奏庶鲜食：和伯益把鸟兽肉分给百姓。暨，和。益，伯益，人名。奏，进。庶，百姓。

⑨距：至，到达。

⑩浚畎（quǎn）浍：疏通田间水渠。畎浍，田间的水沟。

⑪暨稷播：和后稷一起播种。

⑫艰食：百谷。

⑬懋：通"贸"，交易，买卖。化居：迁移居积的货物。

⑭烝（zhēng）民乃粒，万邦作乂（yì）：百姓才安定下来，各诸侯国开始得到治理。烝民，百姓。粒，通"立"。作，开始。乂，治理。

⑮俞：好。

【文意疏通】

　　舜、皋陶想了解禹的工作情况，一开始舜说："来吧！禹，你也来直言不讳地谈谈你的想法吧。"禹拜谢之后说："尊敬的君王啊，我该说些什么呢？我只是在考虑每天该怎样孜孜不倦地工作。"皋陶说："你做的是什么样的工作呢？"禹说："洪水滔天，包围了大山，冲上了冈陵，百姓们被洪水吞没。我乘坐着各种不同的交通工具，沿着山路前行，砍下树木作为标记，和伯益一起把打猎得来

的鸟兽肉分给饥饿的人。我努力疏通九条河流，让它们都流到大海里去，又挖深疏通田间的水渠，让它们流进大河中来。我还和后稷一起播种粮食，把百谷、肉食送给百姓，让他们开展贸易，互通有无，调剂余缺。于是，百姓们才都安定下来，各个诸侯国也都得到了很好的治理。"皋陶说："禹啊，你的话让我们无比敬佩啊！"

【义理揭示】

大禹为治水三过家门而不入的故事人尽皆知，韩非子在《五蠹》中也说禹手持农具，处处身为民先，为此腿上都磨光了汗毛。正是凭借这样的苦干、实干，以及为民生疾苦而奔走一生的精神，他才真正赢得了舜和百姓的信任，最终受禅成为新的领袖。而中华民族也从滔天水患中找到了与自然共存的正确方式。

二　管仲善政兴齐

【原文选读】

　　管仲既任政相齐，以区区之齐在海滨，通货①积财，富国强兵，与俗同好恶。故其称曰："仓廪实而知礼节，衣食足而知荣辱，上服度②则六亲③固。四维④不张，国乃灭亡。下令如流水之原⑤，令顺民心。"故论卑⑥而易行。俗之所欲，因而予之；俗之所否，因而去之。

　　其为政也，善因祸而为福，转败而为功。贵轻重，慎权衡⑦。桓公实怒少姬⑧，南袭蔡，管仲因而伐楚，责包茅不入贡于周室⑨。桓公实北征山戎，而管仲因而令燕修召公之政⑩。于柯之会，桓公

欲背曹沫之约⑪，管仲因而信之⑫，诸侯由是归齐。故曰："知与之为取⑬，政之宝也。"

（选自西汉·司马迁《史记·管晏列传》）

注释：

①通货：交换货物，贸易。

②上服度：居上位者服从礼制。

③六亲：父、母、兄、弟、妻、子。

④四维：一曰礼，二曰义，三曰廉，四曰耻。

⑤原：通"源"，源头。

⑥论卑：指政令符合下情。

⑦权衡：比较利弊。

⑧少姬：即蔡姬，曾荡舟戏弄桓公，被遣送回国。蔡君随即将其改嫁，所以桓公怒而攻蔡。

⑨责包茅不入贡于周室：这是齐借口楚不按规定向周王室进贡而伐楚。古代祭祀，用裹束成捆的菁茅过滤去渣。包，裹束。茅，菁茅。

⑩令燕修召公之政：让燕君重修召公之政，纳贡于周。山戎伐燕，燕告急于齐。桓公因伐山戎，并让燕君按召公时代的制度重修朝政，纳贡于周。

⑪曹沫之约：曹沫在于柯以匕首劫持桓公，威胁桓公归还鲁地，桓公先是被迫答应，继而想要反悔。

⑫信之：使之守信。

⑬知与之为取：懂得给予就是取得。

【文意疏通】

管仲是一代名相，他在出任齐相以后，在齐国这个当时的滨海小国开展了一系列的治理活动。他让人们开展贸易，使货物流通，积聚财富，使得国富兵强，与百姓保持相同的好恶。他在《管子》一书中阐述说："仓库储备充实了，百姓才能真正懂得礼节；衣食丰足了，百姓才能真正分辨荣辱；国君的作为合乎法度，六亲才会得以稳固。如果不提倡礼义廉耻，国家就会灭亡。国家下达政令就像流水一样，顺应百姓的心意而流下。"因此，政令只有符合百姓的实际情况才容易推行。百姓想要的，就想办法给他们；百姓所反对的，就帮他们废除。

管仲执政的时候，善于把祸患化为吉祥，使失败转化为成功。他重视分辨事物的轻重缓急，慎重地权衡事情的利弊得失。齐桓公实际是怨恨少姬改嫁而向南袭击蔡国，管仲就找借口攻打楚国，责备它没有向周王室进贡菁茅。桓公实际是向北出兵攻打山戎，而管仲就趁机让燕国整顿召公时期的政教。在柯地会盟时，桓公想背弃曹沫逼迫他订立的盟约，管仲就顺应形势劝他信守盟约，诸侯们因此归顺齐国。所以说："要懂得给予就是取得的道理，这是治理国家的法宝。"

【义理揭示】

一代名相管仲凭借实干帮助齐桓公完成了春秋霸业，这一点自然不遑多论，但在今天看来还有两点比称霸更为重要。一是他的改革精神。在"仓廪实而知礼节"认识的基础上，他能够站在百姓的立场上，大胆清理行政措施——"俗之所否，因而去之"。相信生活在这个时期的齐国人不仅能享受国家强大的荣耀，幸福指数也必然很高。二是他超越君主的见识。正是他的存在，让齐桓公的几次出征都不再是逞私人之欲，而是以巩固周王权为目的合乎礼义的行为。也许对齐桓公来说不过是借口，但从历史进步角度来说，管仲

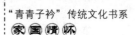

为华夏带来的却是一股正能量。因此说齐桓公"一匡天下",绝非虚言。

三 赵王胡服骑射

【原文选读】

（赵武灵王）与肥义①谋胡服骑射以教百姓,曰:"愚者所笑,贤者察焉。虽驱世②以笑我,胡地、中山,吾必有之!"遂胡服。

国人皆不欲,公子成③称疾不朝。王使人请之曰:"家听于亲,国听于君。今寡人作教易服而公叔不服,吾恐天下议之也。制国④有常,利民为本;从政有经⑤,令行为上。明德先论于贱,而从政先信于贵⑥,故愿慕公叔之义⑦以成胡服之功也。"公子成再拜稽首曰:"臣闻中国者,圣贤之所教也,礼乐之所用也,远方之所观赴也,蛮夷之所则效⑧也。今王舍此而袭远方之服,变古之道,逆人之心,臣愿王孰图⑨之也!"使者以报。王自往请之,曰:"吾国东有齐、中山,北有燕、东胡,西有楼烦、秦、韩之边。今无骑射之备,则何以守之哉?先时中山负齐之强兵,侵暴吾地,系累⑩吾民,引水围鄗⑪;微⑫社稷之神灵,则鄗几于不守也,先君丑之。故寡人变服骑射,欲以备四境之难,报中山之怨。而叔顺中国之俗,恶变服之名,以忘鄗事之丑,非寡人之所望也。"公子成听命,乃赐胡服,明日服而朝。

（选自北宋·司马光《资治通鉴·卷三》）

注释：

①肥义：赵国的国相。

②驱世：意为世上所有的人。

③公子成：赵武灵王的叔父。

④制国：治理国家。

⑤有经：有一定的原则。

⑥从政句：意思是贯彻政令首先要使贵族信服奉行。

⑦慕公叔之义：仰仗叔父的声望。

⑧则效：取法仿效。

⑨孰图：深思熟虑。孰，通"熟"。

⑩系累：用绳索捆绑，指被俘。

⑪鄗（hào）：赵国地名。

⑫微：（如果）没有。

【文意疏通】

　　赵武灵王与国相肥义商议让百姓穿短小贴身的胡人衣服，学习骑马与射箭。他说："愚人嘲笑的事物，聪明人会加以考察。即使天下的人都嘲笑我，我也一定要把北方胡人的领地和中山国都夺过来！"于是下令改穿胡人衣服。

　　然而国人都不愿穿胡服，他的叔叔公子成也称病不来上朝。赵王派人去说服他："家事听从父母，国政服从国君，现在我要人民改穿胡服，而叔父您不穿，我担心天下人会议论我徇私情。治理国家有一定章法，要以有利人民为根本；处理政事要有一定原则，要以政令畅通为重。宣传道德要先让百姓议论明白，而推行法令必须从贵族近臣做起。所以我希望能借助叔父的声望来完成这项功业。"公子成拜了两拜表示难以遵从君主的命令，他对使者说道："我听说中原地区在圣贤的教化下，采用礼乐仪制，是远方国家前来游观，四方前来效法之地。现在您舍此不顾，去仿效外族的服装，擅改古代习俗，违背了人们的心意，我希望您再深思熟虑。"使者回报赵王。赵王又亲自登门解释说："我国东面有齐、中山；北面有燕、东胡；西面是楼烦和秦、韩的边界。如果没有骑马射箭的训练，凭借什么能够守得住呢？先前中山国倚仗齐国的强大兵马，侵犯我们领土，掠夺人民，又引水围灌鄗城，如果不是老天保佑，鄗城几乎就失守了。此事先王深以为耻。所以我决心改穿胡服，学习骑射，想以此抵御四面的灾难，报中山之仇。而您一味依循中原旧俗，厌恶改变服装，却忘了鄗城之辱，我对您深感失望啊！"公子成听后觉得非常有道理，就欣然从命，赵王赐给他一身胡服，第二天他便穿戴入朝，胡服骑射的命令于是得以贯彻执行。

【义理揭示】

赵国周边强敌环伺，只有进行大刀阔斧的改革，提升军队的战斗力，才能实现复仇和强国的目标。但改革必定会触及很多人的既有观念，赵武灵王看到了问题所在，于是亲自上门，动之以情，晓之以理，终于说服叔父支持自己。国家振兴要靠实干，但还要看清实干的条件是否具备，要争取更多的支持，让自己没有后顾之忧。

四 李冰勇斗蛟龙

【原文选读】

李冰为蜀郡守，有蛟岁暴①，漂垫②相望。冰乃入水戮蛟。已

为牛形，江神③龙跃，冰不胜。及出，选卒之勇者数百，持强弓大箭，约曰："吾前者为牛，今江神必亦为牛矣。我以太白练④自束以辨，汝当杀其无记者。"遂呼叫而入。须臾雷风大起，天地一色。稍定，有二牛斗于上。公练甚长白，武士乃齐射其神⑤，遂毙。从此蜀人不复为水所病⑥。至今大浪冲涛，欲及公之祠，皆弥弥而去。故春冬设有斗牛之戏，未必不由此也。祠南数千家，边江低圯⑦，虽甚秋潦⑧，亦不移适。有石牛，在庙庭下。唐大和⑨五年，洪水惊溃。冰神⑩为龙，复与龙斗于灌口，犹以白练为志，水遂漂下。左绵、梓、潼，皆浮川溢峡，伤数十郡。唯西蜀无害。

（选自北宋李昉《太平广记·卷二九一》）

注释：

　　①暴：作乱。

　　②漂垫：浮沉。

　　③江神：指那条蛟龙。

　　④太白练：大白绢。

　　⑤射其神：射江神。

　　⑥病：损害。

　　⑦圯（yí）：桥。

　　⑧秋潦（liáo）：秋季因久雨而形成的大水。

　　⑨大和：唐文宗年号。

　　⑩冰神：李冰的神灵。

【文意疏通】

　　李冰做蜀郡太守时，有一条蛟龙每年都会兴风作浪，让百姓们在洪水中浮沉，彼此遥遥相望。李冰于是决定下水屠龙。他化作牛

形与江神拼杀，而江神也上下舞动，李冰难以取胜。于是李冰回到岸上，挑选了几百名勇敢的士兵，拿着强有力的弓箭。他与士兵们约定说："我刚才变成牛，江神看到你们也必定会变成一头牛，让你们无法辨识。现在我把一条大白绢带系在身上，你们好好辨认，一起射杀那个没有记号的牛就好了。"说完李冰就呼喊着再次进入水中。顷刻间，风雷大作，天地一色。众人稍稍平静心情，只见两头牛正在水中拼斗。其中一头身上的绢带又长又白，士兵们于是一齐射向另外一头没有标志的牛，结果江神就当场毙命了。从此，蜀郡的老百姓再也没有遭过水患。有时洪水到来时，眼看水就要冲到李冰的祠堂前，总是会慢慢减弱，然后流向远处。所以，如今春冬两季举行的斗牛表演，未必不是起源于这件事。祠堂南边有好几千户人家，住在江边，房屋、桥梁均很低矮，虽然秋水时涨，却也都不搬迁。还有座石牛，就在庙堂下面。唐代大和五年之时，洪水泛滥。有人看见李冰的神灵化作一条龙，又同蛟龙在都江堰的入口处拼杀起来，还是以白绢为标志，于是洪水就往下游流去。江东面的绵、梓、潼几个州郡都受了灾，只有西蜀安然无恙。

【义理揭示】

据《华阳国志》记述，郡守李冰是位能知天文地理的奇才，在水利、交通、盐业等许多领域都有非凡的建树，特别是他主持修建的都江堰，两千多年来一直发挥着不朽的作用，浇灌出了名副其实的天府之国。这段选文固然是民间把李冰神化后形成的一个传说，但却实实在在地反映了这个实干家所作的贡献，以及他在人们心中至高无上的地位。

五 萧何巩固后方

【原文选读】

及高祖起为沛公，何常为丞督事。沛公至咸阳，诸将皆争走金帛财物之府分之，何独先入收秦丞相御史律令图书藏之。沛公为汉王，以何为丞相。项王与诸侯屠烧咸阳而去。汉王所以具知天下厄塞①，户口多少，强弱之处，民所疾苦者，以何具得秦图书也。何进言韩信，汉王以信为大将军。语在《淮阴侯》事中。

汉王引兵东定三秦，何以丞相留收巴蜀，填抚谕告②，使给军食。汉二年，汉王与诸侯击楚，何守关中，侍太子，治栎阳。为法令约束③，立宗庙社稷宫室县邑，辄奏上，可，许以从事；即不及奏上，辄以便宜施行④，上来以闻。关中事计户口，转漕⑤给军。汉王数失军遁去，何常兴关中卒，辄补缺。上以此专属⑥任何关中事。

（选自西汉·司马光《史记·萧相国世家》）

注释：

①厄塞：险要之地。

②填（zhèn）抚谕告：发布政令，安抚民众，告知百姓。填，通"镇"，安定。

③约束：规章，制度。

④以便（biàn）宜施行：根据具体情况采取方便、适宜的策略。

⑤转漕：通过陆路、水路运送粮食。车运为"转"，水运为"漕"。

⑥属（zhǔ）：委托。

【文意疏通】

等到汉高祖刘邦起兵成了沛公，萧何一直作为他的辅佐官，督察处理日常事务。沛公带兵灭秦进入咸阳之后，将领们都争先恐后地奔向储藏金帛财物的仓库去分东西，唯独萧何先去把秦朝丞相和御史大夫保管的法律、诏令以及各种图书文献收藏起来。后来项羽入关，沛公被封为汉王，他就让萧何当了自己的丞相。此后，项羽带着诸侯的军队屠杀降臣，焚烧了阿房宫，离开咸阳得意扬扬地东归定都彭城。却不知在楚汉战争中，汉王刘邦之所以能详细地知道全国各地的险关要塞，人口数量，兵力强弱之处，百姓们的疾苦，都是因为萧何完整地得到了秦朝的文献档案的缘故。萧何向汉王推荐了韩信，汉王就任命韩信为大将军。这件事的详情记载在《淮阴侯列传》中。

汉王带兵东出，平定三秦，萧何以丞相的身份留在后方，负责收服巴蜀，镇守安抚，发布政令，告谕百姓，为在前方的军队供给粮食。汉王二年，刘邦联合诸侯一起攻打项羽，萧何留守关中，侍奉太子，在栎阳处理政务。他制定法令制度，建立宗庙、社稷、宫殿、县邑，总是先向汉王上奏报告，而汉王也总是予以批准，许他施行。有时汉王外出征战，来不及上奏，萧何就根据具体情况用最合适的办法先行处理，等汉王回来再报告。萧何在关中管理户口，通过水路和陆路转运军粮，供应前方的军队。汉王与项羽的战斗可谓屡战屡败，汉军好多次都被打散，关键时刻萧何总能征发关中的士卒，随时补充汉王的军队，让刘邦能够屡败屡战，并最终打败项羽。因此，汉王把关中的所有事务都专门托付给了萧何。

【义理揭示】

萧何眼光远大，深谋远虑。作为刘邦的助手，他做了大量的具体工作，在很多时候他都能从宏观的战略着眼，为刘邦建立政权打下了坚实的基础。特别是在刘邦率军进入咸阳后，将领们忙于争分金帛财物之时，萧何却首先收取秦王朝文献档案，将其珍藏，刘邦由此详尽地掌握了全国地理、户籍等方面的情况，为统一天下创造了条件。楚汉战争中，刘邦虽屡战屡败，然而兵将却越来越多，这与萧何在后方的真抓实干，不断向前线补充粮草、兵员是密不可分的。

六 晁错力谏贵粟

【原文选读】

圣王在上，而民不冻饥者，非能耕而食之①，织而衣之②也，为开其资财之道也。故尧、禹有九年之水，汤有七年之旱，而国亡捐瘠者③，以畜④积多而备先具也。今海内为一，土地人民之众不避⑤汤、禹，加以亡天灾数年之水旱，而畜积未及者，何也？地有遗利，民有余力，生谷之土未尽垦，山泽之利未尽出也，游食之民未尽归农也。

民贫，则奸邪生。贫生于不足，不足生于不农，不农则不地著⑥，不地著则离乡轻家，民如鸟兽。虽有高城深池，严法重刑，犹不能禁也。夫寒之于衣，不待轻暖；饥之于食，不待甘旨；饥寒至身，不顾廉耻。人情一日不再食⑦则饥，终岁不制衣则寒。夫腹饥不得食，肤寒不得衣，虽慈母不能保其子，君安能以有其民哉？

明主知其然也，故务民于农桑，薄赋敛，广畜积，以实仓廪⑧，备水旱，故民可得而有也。

（选自西汉·晁错《论贵粟疏》）

注释：

①食（sì）之：给他们吃。

②衣（yì）之：给他们穿。

③亡捐瘠者：没有被遗弃的和瘦弱的人。亡，通"无"。捐，抛弃。

④畜：通"蓄"，积蓄、储备。

⑤不避：不让，不次于。

⑥地著（zhù）：定居在某一地。

⑦再食：吃两顿饭。

⑧廪（lǐn）：粮仓。

【文意疏通】

　　圣明的君主当政之时，百姓能够不挨饿受冻，并非是因为君主会亲自种粮食给百姓吃，亲手织布给百姓穿，而是因为他会帮助百姓开辟获得财源的途径。所以，虽然在尧和大禹的时代也有过九年的水灾，商汤的时代也有过七年的旱灾，但却没有被遗弃的人、瘦弱不堪的人，这是因为积蓄的物资丰富，提前做好了充分的准备。如今四海为一家，土地面积的广阔，百姓人口的众多，都不亚于当年的商汤、夏禹之时，而且也没有发生连年的水旱灾害，可是积蓄的物资却不如商汤、夏禹的时代，为什么呢？原因就在于土地还有潜力，百姓还有余力可用，能够生长作物的土地还没得到全部开垦，能够利用的山林湖泊的资源尚未完全开发，工商手工业者，还有那些游手好闲之徒都没有全部参与农业生产。

　　百姓的生活一旦贫困，就会去做坏事。生活贫困是因为物资不

足，物资不足是因为不肯务农，百姓不从事农业生产，就不能在一个地方长期居住下来，而不能定居某地，就会轻易选择背井离乡，像鸟兽一样四处奔波。如此这般，国家即使建造高大的城墙，深而险的护城河，施行严厉的法令，残酷的刑罚，还是不能禁止他们做坏事。受冻的人对于衣服不会奢求轻暖舒适；忍饥挨饿的人对于食物，不会奢求其香甜可口；饥寒到了身上，百姓们就顾不上仁义廉耻了。对于普通人来说，一天吃不上两顿饭，就会感到饥饿，一年不做一套新衣服穿，就会受寒受冻。如果肚子饿了没有饭吃，身上冷了没有衣服穿，那么即使是最慈爱的母亲也留不住她的儿子，国君又怎能保有他的百姓呢？圣君懂得此理，所以才鼓励百姓从事农业生产，减轻赋税，大量储备粮食，充实仓库，防备水旱灾荒，因此也就能够保有自己的百姓。

【义理揭示】

封建社会的中国一直是个农业大国，历代名君贤相首先要解决的就是农业问题和民生问题。当然，晁错"贵粟"的具体手段和最终结果在历史上可谓见仁见智，但他把农业生产看成是社会的根基，着力解决农民的民生问题，体现了一个实干家的本色。

七　何充不喜玄言

【原文选读】

王、刘与林公共看何骠骑①，骠骑看文书②不顾之。王谓何曰："我今故③与林公来相看，望卿摆拨常务④，应对玄言⑤，那⑥得方低头看此邪?"何曰:"我不看此,卿等何以得存?"诸人以为佳。

（选自南朝宋·刘义庆《世说新语》）

注释:

①何骠骑:西晋康帝时期,何充任骠骑将军,并领徐州刺史。

②文书:行政事务方面的文书。

③故:特意。

④常务:日常事务。

⑤玄言:指魏晋间崇尚老庄玄理的言论或言谈。

⑥那:通"哪"。

【文意疏通】

有一天,王濛、刘惔与支道林一同去探望何充,可是何充只顾着看行政文书却丝毫不理会他们。王濛于是说:"我今天和朋友们特地来看望你,就是希望你能摆脱世俗事务,和我们来一场清谈,你怎么还能低头看这些东西呢?"何充回答道:"我不看这些日常事务的文书,你们又怎能悠闲地存活在这世上空谈呢?"后来这件事传到众人耳朵里,大家都觉得何充的回答妙极了。

【义理揭示】

魏晋时期政治风云变幻莫测,因此在名士中谈玄之风渐起。到了西晋,以身世显赫的琅琊王氏为代表的名士们更是以清谈为务,他们中的很多人不仅人长得漂亮,而且有满肚子的学问,然而却崇尚虚无,空谈名理,标榜老庄,无心国事。在政治斗争中,清谈虚无成了一些士人最好的避风港。口谈虚无,做官则照例署名,不担

任何责任。彻底丧失理想的知识分子，最初是用放浪形骸来麻醉自己，后来竟深深陷了进去，难以自拔。

在这样的风气之下，那些笑公务为"俗务"、并对此漫不经心的人，反而享有盛名。那些认真做事的官员，反而会被嘲讽。上文中的三人对何充的批评正是基于这样的背景。所幸始终还有一批认真做事的实干家。何充就是其中一位，他的回答，"我不看这些日常事务的文书，你们又怎能悠闲地存活在这世上空谈"，可谓直指问题关键——看似清高悠闲的生活方式，正是建立在无数人默默实干的基础之上。当时还有一个关于桓温冒雪围猎习武的故事，刘惔嘲笑他，桓温回答："我不如此，你们哪有机会安坐清谈。"正是始终有这样一些人努力做事，才能让晋代的衣冠之士在危难中得以保全。

八 陶侃监督种柳

【原文选读】

侃练核①庶事，勤务稼穑②，虽戎陈武士，皆劝厉③之。有奉馈④者，皆问其所由。若力役所致，欢喜慰赐；若他所得，则呵辱还之。是以军民勤于农稼，家给人足。性纤密好问，颇类赵广汉⑤。尝课营⑥种柳，都尉夏施盗拔⑦武昌郡西门所种，侃后自出，驻车施门，问："此是武昌西门柳，何以盗之？"施惶怖首伏，三军称其明察。侃勤而整⑧，自强不息，又好督劝于人。常云："民生在勤，大禹圣人，犹惜寸阴；至于凡俗，当惜分阴。岂可游逸⑨！生无益于时，死无闻于后，是自弃也。"

（选自东晋孙盛《晋阳秋》）

注释：

①练核：精细务实，精心考查。

②稼穑：种植。

③劝厉：勉励。厉，通"励"。

④奉馈：献上，馈赠送来。

⑤赵广汉：西汉时期著名清官。

⑥课营：考核驻军兵营。课，考核。

⑦盗拔：偷拔。

⑧整：有秩序，不乱。

⑨游逸：游乐。

【文意疏通】

陶侃是东晋名将，但却不只是一介武夫。他忠于国事，勤于政务，在崇尚玄学清谈的时代很少见。他在镇守荆州时，精心管理日常事务，特别重视社会秩序的稳定和农业生产的发展。即使是对驻军将士，也都勉励他们参与到农业生产中去。每当有人献上物品，陶侃都会问物品的由来。如果是通过自己努力劳作得到的，他就开开心心地接受，并加以赏赐；如果是从别人处得来，就会呵斥羞辱并把礼物退还。因此荆州军民在他的带动下，辛勤地从事农业生产，家家户户都丰衣足食。陶侃心思细密，经常询问调查这点很像西汉的名臣赵广汉。陶侃曾经考核驻军种柳树的情况，都尉夏施偷偷拔来了武昌郡西门所种的柳树栽在自己门前。陶侃驾车亲自登门质问夏施："这是武昌西门的柳树，你为什么偷来呢？"夏施内心惶恐，跪地服罪，驻军都称赞他明察秋毫。他做事勤劳，有条不紊，自强不息。而且喜欢督促别人，他常说："民生的关键在于勤劳，

大禹那样的圣人，尚且珍惜每一寸光阴，像我们这样的凡人，更应该珍惜每一寸光阴。怎么能够总是游乐呢？如果活着的时候对当时的社会没有贡献，死之后不被后世看重，那是抛弃自己人生的价值和意义啊！"

【义理揭示】

陶侃一生东征西讨，为稳定东晋政权立下了赫赫战功，这是他作为将领的成就；镇守荆州时，史称"路不拾遗"，这是他长于政务的体现。他精勤吏职，不喜饮酒、赌博，全部心思都放在了改变社会风气、督促人们发展生产上。他不但自己实干，而且也鼓励身边的人珍惜时间，以实干实现自己的价值。

九 苏轼造福钱塘

【原文选读】

既至杭，大旱，饥疫并作。轼请于朝，免本路①上供米三之一，复得赐度僧牒②，易米以救饥者。明年春，又减价粜③常平米，多作饘粥药剂，遣使挟医分坊治病，活者甚众。轼曰："杭，水陆之会，疫死比他处常多。"乃裒羡缗④得二千，复发囊中黄金五十两，以作病坊，稍畜钱粮待之。

杭本近海，地泉咸苦，居民稀少。唐刺史李泌始引西湖水作六井，民足于水。白居易又浚西湖水入漕河，自河入田，所溉至千顷，民以殷富。湖水多葑⑤，自唐及钱氏，岁辄浚治，宋兴，废之，葑积为田，水无几矣。漕河失利，取给江潮⑥，舟行市中，潮又多淤，三年一淘，为民大患，六井亦几于废。轼见茅山一河专受江潮，盐桥一河专受湖水，遂浚二河以通漕。复造堰闸⑦，以为湖水畜泄之限，江潮不复入市。以余力复完六井，又取葑田积湖中，南北径三十里，为长堤以通行者。吴人种菱，春辄芟⑧除，不遣寸草。且募人种菱湖中，葑不复生。收其利⑨以备修湖，取救荒余钱万缗、粮万石，及请得百僧度牒以募⑩役者。堤成，植芙蓉、杨柳其上，望之如画图，杭人名为"苏公堤"。

（选自元·脱脱《宋史·苏轼传》）

注释：

①路：宋元时代的行政区域名。

②僧牒：僧尼出家，由官府发给的作为凭证的度牒。有牒者得免地税、徭役。

③粜（tiào）：卖米。

④裒（póu）羡缗（mín）：聚集多余的钱。缗，成串的铜钱，一串一千文。

⑤葑（fèng）：菰根，即茭白根，多生在浅水中，形成后文的葑田。

⑥江潮：即钱塘江潮水。

⑦堰闸：堰坝和闸门。

⑧芟：割。

⑨收其利：指种菱人上交的租钱。

⑩募：招募。

【文意疏通】

苏轼到杭州任太守之后，正遇上大旱，饥荒和瘟疫并发。苏轼向朝廷请求免去本地区上供米粮的三分之一，又得赐予剃度僧人的

牒文，用以换米来救济饥饿的人。第二年春天，又减价出售常平粮仓的米，煮了很多粥，熬了很多药，派人带着医生到各街巷治病，救活的人很多。苏轼说："杭州是水陆交通的要地，得疫病死的人通常比别处多些。"于是四处收集多余的钱二千缗，又拿出自己囊中黄金五十两，建造医院，并逐渐积贮钱粮来防备疫情的发生。

　　杭州原本因为离海较近，当地泉水又咸又苦，居民稀少。唐代刺史李泌首先引西湖水造了六口井，百姓用水充足。白居易又疏通西湖水流入运河，从运河流入田地，灌溉土地达一千顷，百姓因此殷实富裕。湖水中有很多茭白根，从唐朝到吴越钱氏当政，每年都疏浚治理，直到宋朝立国后停止了，茭白根堆积成田，剩下的水面已经没有多少了。同时运河的便利也丧失了，全靠钱塘江中的潮水供水，让船在市中行驶。潮水带来了很多淤泥，三年就得掏挖一次，这份繁重的工作成了百姓的大灾难，淤泥也让六口井几乎荒废了。苏轼经过实地调查发现茅山的一条河专门接收江中潮水，盐桥有一条河专门接收湖水，就疏通两条河来通航运。又造了坝堰闸门，用来作为积蓄和排泄湖水的枢纽，让江中的潮水不再流入城中。用剩下的物力人力修复了六口井，又把茭白铲去堆积在湖中，筑成南北三十里的长堤以便通行。吴地人种菱，到春天常加拔除，不留寸草。于是苏轼招募人在湖中种菱，使茭白根不再生长。收取的钱准备用来修湖时使用，取来救荒剩余的钱一万缗、粮一万石，和请求得到的剃度僧人牒文一百份来招募工役。堤筑成后，又种了木芙蓉、杨柳在堤上，看上去美得就像图画一样，杭州人称之为"苏公堤"。

【义理揭示】

作为文豪的苏轼是众人都熟悉的，但从上面这两段文字看到的却是他为政一方，以实干造福百姓的具体措施。

他上任时正赶上杭州疫情和饥荒并作，他不但及时向朝廷汇报，减免当地百姓的赋税负担，还亲自投入到救济灾民之中，并且自掏腰包建造医院，预防疫情。唐代整治西湖的措施很有效，苏轼就按照其方式，重修西湖，不但解决了通航不便、西湖缺水、南北通行等一系列问题，还因势利导，既让种菱人得到了实惠，又让修湖资金得到了保障，还给西湖增添了"苏堤春晓"的美好景致，让人们至今怀念他的风采。

十 徐光启主持修历

【原文选读】

徐光启，字子先，上海人。万历二十五年举乡试第一，又七年成进士。由庶吉士历赞善①。从西洋人利玛窦②学天文、历算、火器，尽其术。遂遍习兵机、屯田、盐策、水利诸书。杨镐四路丧师，京师大震。累疏③请练兵自效。神宗壮之，超擢少詹事兼河南道御史。

未几，以左侍郎礼部事。帝忧国用不足，敕④廷臣献屯盐⑤善策。光启言屯政在乎垦荒，盐政在严禁私贩。帝褒纳之，擢本部尚书。时帝以日食失验⑥，欲罪台官。光启言："台官测候本郭守敬法。元时尝当食不食，守敬且尔⑦，无怪台官之失占。臣闻历久必差，宜及时修正。"帝从其言，诏西洋人龙华民、邓玉函、罗雅谷

等推算历法，光启为监督。四年春正月，光启进《测天约说》二卷、《大测》二卷、《黄道升度》七卷、《黄赤距度表》一卷。是冬十月辛丑朔⑧日食，复上测候四说。其辩时差里差之法，最为详密。

（选自清·张廷玉《明史·徐光启传》）

注释：

①由庶吉士历赞善：由庶吉士做到赞善。庶吉士，官名。赞善，即"赞善大夫"。

②利玛窦：意大利人，1583 年来到中国，他除传播天主教教义外，还传播西方天文、数学、地理等科学技术知识。他还是第一位阅读中国文学并对中国典籍进行钻研的西方学者，颇受士大夫的敬重，被称为"泰西儒士"。

③疏：臣子给皇帝条陈建议的奏折。

④敕：皇帝的命令。

⑤屯盐：屯田和盐政。

⑥日食失验：推算的日食时间出现错误。

⑦且尔：尚且这样。

⑧朔：阴历初一。

【文意疏通】

徐光启，字子先，上海人。万历二十五年省试考中举人第一名，七年后考中进士。由庶吉士做到赞善大夫。他跟从西洋人利玛窦学习天文、历算、火器，并且完全掌握了使用方法。继而全面学习军事、屯田、盐政、水利等各种书籍。杨镐四路兵马在辽东打了败仗，京城大为震惊。徐光启因此数次上书要求让自己去练兵以报效国家。神宗皇帝嘉许他的雄心壮志，越级提升为少詹事兼河南道御史。

不久，他以左侍郎的身份负责礼部事务。崇祯皇帝考虑国家财政困难，命朝廷大臣提出整理屯田和盐政的好办法。徐光启说，屯政的关键在于垦荒，盐政在于严禁私盐的贩卖。崇祯帝赞扬并采纳了他的意见，升他为礼部尚书。有一次，皇帝因为日食预报发生错误，想要处分钦天监台官。徐光启解释说："钦天监预测天象一直是遵照郭守敬的方法，元代已经出现了应当发生日、月食而没有发生的情况。郭守敬尚且如此，后人出错也是正常的事，所以不能责怪钦天监台官。我听说任何一种历法使用久了，就必定会出现差错，应该及时修正。"崇祯帝听从了他的谏言，下诏请西洋人龙华民、邓玉函、罗雅谷等来推算，进行修历的工作，徐光启负责监督。崇祯四年春农历正月，徐光启献上了《测天约说》二卷、《大测》二卷、《黄道升度》七卷、《黄赤距度表》一卷。当年冬季十月初一日，发生日食，又进上"测候"四说，其中以论述时差、里差的方法最为详细周密。

【义理揭示】

古代民间俗语有云："万般皆下品，唯有读书高。"这里的读书，主要是指应对科举考试的学问，之所以说读书高，就在于这般读书能够"致仕"。一旦成为士大夫，个人命运、家庭命运都会随之改变。徐光启显然不是这般目光短浅之人，他深知一心为国，就需要有一心为国的学问，随着西洋文化的传入，这学问就不仅仅是"四书五经"经世之学，更有博大精深的自然科学。所以他以翰林院官员的身份师从西洋传教士、刻苦学习西方科学的行为本身，就体现了他超越时代的卓越眼光。由读书致仕而经世治民是实干，用科学的态度服务国家社会当然更是有利于推动历史进步的实干。他

还积极推进农业实验，撰写《农政全书》《崇祯历书》；刻苦翻译《几何原本》《泰西水法》，"平行线""三角形""对角""直角""锐角""钝角""相似"等中文的名词术语，都是经过他呕心沥血地反复推敲而确定下来的，这一切都是古老中国吸收近代西方文明的重要成果。

文化倾听

进入 21 世纪以来，随着"中国梦"成为国人的时代目标，"实干兴邦"这四个字也越来越多地被人们在各种场合提及。实现中华民族的伟大复兴，当然需要人们脚踏实地的埋头苦干，但"埋头"并不等于不"抬头"，也不等于不"回首"，"埋头"的前提正是对"实干兴邦"这四个字的历史和现实有更清醒的认知。

不妨先说"兴邦"二字的内涵。说到中国崛起，总有人联想到历史上世界大国的争霸。其实这是一个无意或有意的误解，中华民族自古以来最没有侵略性，我们今天说实现中华民族的伟大复兴，不是要称霸世界，而是要追求国家的富强和文化的繁荣，人民生活的自由和幸福，总之是要为十三亿人民谋幸福，为全人类贡献中华智慧。

再说"实干"。与"实干"相对的是"空谈"，只谈不做，梦想永远不会实现。那么为什么还会有人只谈不做呢？究其原因，一是缺少检视的能力。由于分辨不清眼前的是是非非，所以内心惶惑不知该走哪条道路。二是缺少行动的勇气。每种行动都会有人支持有人反对，如果没有披荆斩棘的准备，如何能够开辟新路呢。既然

"做"就有风险，"做"的过程中还可能被质疑，"做"不好还会毁掉一世英名，那么就站在那里指手画脚好了。可是山总不会自己走过来，世上也总需要有第一个吃螃蟹的人。今天的中国改革已经进入到深水区，唯有勇于实干，大胆前行，及时总结，才能为后来者提供可借鉴的经验，才能为"兴邦"奠定坚实的基础。哪怕一时失败，用历史的眼光来看也是有益的。

接下来的问题是选择什么样的事业埋头苦干呢？历史早已作出了最好的回答，只要看人民需要什么，看民族进步需要什么。中国历来就不缺少"实干兴邦"的人，跟随他们的足迹，就能找到奋斗的道路。大禹为治水三过家门而不入，李冰为修都江堰倾尽心血，苏东坡一上任就扑在杭州百姓的疫情和旱灾上。他们的事业，就是救百姓于水火的事业，就是为百姓造福的事业，谁全心全意为百姓谋福祉，百姓就全心全意爱戴谁，今天大禹早已成为历代贤君的楷模，李冰早已成为都江堰的守护神，而苏东坡的祠堂也从来不会缺少人们的敬仰。在农业文明时代的中国，发展农业就是最大的国计民生，晁错、陶侃准确地抓住了国家的命脉，无论是上疏论"贵粟"，还是督促人们积极参加农业生产，都进一步稳定了国家的根基。

不论古今，要真正成为实干家都殊非易事。首先，要能去除个人名利和享乐思想，不求表面风光。刘邦平定天下后以萧何为功劳第一，不是因为萧何能冲锋陷阵，也不是因为他擅长谋略，而是因为他自始至终默默无闻地巩固后方基地，在刘邦屡战屡败之际，源源不断地输送兵源和粮草。在竞相以清谈逃避政治斗争的西晋，何充等实干家勤于公事，因此在大祸来临之时，还能保住司马氏的大半个江山。

其次，"实干"要避免蛮干，要在实践中认清事物的规律。管仲为相不忘"仓廪实而知礼节，衣食足而知荣辱"，所以制定政策都是依据百姓的实际情况；在春秋战乱中，他特别注重名正言顺，从而顺利地帮助桓公实现霸业。赵武灵王为了强国，打算胡服骑射，身为一国之君的他审时度势，花大力气先去说服自己的叔叔，争取到更多的支持以后，看似无法完成的改革就变得简单易行了。

很多实干家还具有超前的眼光，有接受历史检验的勇气。明代的徐光启官至，却又是个科学家，他较早地认识到西方科学技术的长处，顶着别人的误解和非议，虚心向西方传教士求学，从而在数学、天文、历法、农业等方面作出了非凡的贡献。

回首五千年的中华文明史，众多实干家灿若星辰，从他们身上，我们看到了一旦把个人价值与为社会进步、民生发展而奋斗联系在一起，人生的宏图将会是多么的美好。传统文化的血脉就在我们的身体里奔涌，为每一个炎黄子孙传递着无穷的力量。有了这种力量，"实干兴邦"就不仅仅是一句口号，而是每个人奋斗不息的"中国梦"。

文化传递

在南通，张謇是无人不知、无人不晓的历史名人。他是我国近代著名的实业家、教育家，在江南一带创办了大量民办企业，堪称成功的商业巨子；但他兴办实业的最重要目的在于社会革新，所以成功后，他把大量的财富用在了社会事业上，从而使南通成为现代化路上的一座重要城市。

张謇出生在一个富裕的农村家庭，他自幼聪明勤奋。据称5岁时便能一字不漏地背诵《千字文》。小时候老师曾以"人骑白马门前过"为题，让学生对下联，有人对的也很工整，如"儿牵青牛堤上行"，而张謇对的却是"我踏金鳌海上来"，对句中显现出了非凡的气魄。然而张謇青年时代的科考之途并不顺利，直到在1894年的科举中才受到了主考官翁同龢（光绪帝的老师）的赏识，中了头名状元，并被任命为翰林院修撰。不幸的是这一年中日甲午战争爆发了，这个事件改变了很多人的命运，也彻底改变了张謇的人生方向。他因父丧回乡守孝的第二年，中国战败与日本签订了丧权辱国的《马关条约》。这让他深深地认识到，中华民族要强大，就要实行政治改革，建立议会制；同时还要大力发展实业，以求民富国强。所以他毅然决定放弃仕途，投身实业，加入到轰轰烈烈的洋务运动中去，以拯国家于危难，救百姓于水火。他在给翰林院的辞职书中说："愿成一分一毫有用之事，不愿居八命九命可耻之官！"从此，他成了中国历史上的第一位状元实业家。

当时的洋务运动代表人物之一——两江总督张之洞，早有在南通兴办工厂的打算。他看到张謇是新科状元，又热衷于实业，便委派张謇在南通筹办纱厂。在南通办纱厂，本来有很多有利条件：一是南通滨江临海，交通便利；二是气候适宜，是传统的产棉区；三是又有官方背景，有人支持。但资金、技术、机器、工人等具体工作，都还是需要张謇自己解决的。经过几番周折，大生纱厂的厂房建成了，纺织机器也运到了厂里。此后五年间，张謇这个堂堂的"状元公"，不得不顶着别人的不理解，东奔西走，集资筹款。冷脸难看，冷语更难听，有人看工厂迟迟没有正式投产，就说："纱厂烟囱高，何时才冒烟？机器虽然响，何时纺出纱？"直到1899年，

纱厂终于纺出了第一缕棉纱，面对震耳欲聋的机器声，身为总经理的张謇激动得热泪盈眶。后来的两江总督刘坤一看到纱厂生产的棉纱，连声称赞道："过去人们称这种棉纱叫洋纱，织出布来叫洋布，现在我们自己也能生产了。这可全靠你的苦争苦斗啊，我要给你记上一大功！"张謇说："苦是苦一点，但这是我'自讨苦吃'，怨不得别人。再说为了国计民生，虽说吃一点苦，我心里也痛快啊！"此后张謇订立厂规厂约，提倡新风，打破陋习，"工厂中凡执事人概称'先生'，不得沿袭'老爷'旧称"，并制定订一套比较完善的新型管理制度。

张謇曾说，一个人办一个县的事，要有一省的眼光；办一省的事，要有一国的眼光；而办一国的事，就要有世界的眼光。这种思想，自始至终贯穿在他兴办实业的过程中。他不满足于现有的事业，一直在不断扩展事业的规模。为了解决原料问题，他兴办垦牧公司；为了解决纺织机器设备的维修制造困难，开办了资生铁冶厂；后来又成立了广生榨油公司、大隆肥皂公司、吕四盐业公司、镇江铅笔公司、上海大达轮船公司、江浙渔业公司等各类企业二三十个，形成了一个以轻纺工业为核心的企业群，一个在东南沿海地区独占鳌头的新兴的民族资本集团。

除兴办实业之外，张謇一生中最为重视的就是兴办教育了。因为他认为文化教育也是救国救民的重要手段，要想国家富强，人民就得掌握知识，因此必须大力发展教育事业。他先后兴办了大生纱厂职工专科学校、纺织专科学校、铁路学校、吴淞商船学校等，为东南沿海地区的实业培养了各种有用人才。他还创办了通州师范学校、通州女子师范学校、城厢初等小学、幼稚园、盲哑学校等。1920年，他又将纺织、医学、农学三个专科学校合并为综合性的南通大学。

兴办教育是为了改变年轻人的精神，在地方移风易俗则是让所有南通人都了解现代文明。他邀请了著名的导演兼剧作家欧阳予倩，在南通办起一所培养戏剧人才的学校——伶工学社，并且建造了一座更俗剧场。剧场实行一些文明的规定，如观众按号入座、不许随地乱扔果皮、不许乱喊乱叫等，确实起到了改良社会风气的积极效果。他还在南通筹建博物苑、图书馆、气象台、医院、公园等，开全国风气之先，使南通成为一个文化比较发达的城市。

应该说，张謇追逐的不是昙花一现的新潮时尚，和浮而不实的哗众取宠。他的每一步前进都是脚踏实地的，而且从事经营事业的开始便有一个全局观念。从经济而言并非仅仅着眼于某一工厂，而是要逐步营造一个企业体系；从教育而言并非仅仅着眼于某一学校，而是要逐步营造一个文教体系。同时，他的事业又并非局限于实业和教育两大类，而是谋求通海地区经济、文化和整个社会的协调发展。吴良镛院士曾称南通为"中国近代第一城"，意即这是中国首先按照总体规划建设的近代城市。当然张謇的最终目标又不是仅仅按照自己的理想建成这"第一城"，而是希望通过这个"第一城"的示范与推广，谋求一个富强的中国。从这个意义上说，他放弃仕途，却没有放弃士大夫心中经世济民的儒家理想。相反，他凭着自己过人的眼光，凭着自身的实干，对中国的现代化进程进行了有益的探索。

可以说，张謇直接开启并促进了南通地区的近代化，为全国树立了楷模。胡适曾这样评价张謇："张季直先生……独立开辟了无数新路，做了三十年的开路先锋，养活了几万人，造福于一方，而影响及于全国。"新中国成立后，毛泽东在谈及民族工业发展时也

说，中国最早有民族轻工业，不能忘记南通的张謇。

1.“实干兴邦”是众多中华优秀人物的自觉追求，读了本单元的故事，你觉得“实干”的类型有哪些？“兴邦”的具体内涵是什么？

2.除本单元提及的人物之外，再列举出两到三个“实干兴邦”的优秀历史人物。

3.今天的中国已经取得了举世瞩目的成就。于是有人说，在民族危难之际才要提倡“实干兴邦”，对于现在的青年学子来说，只要做好自己想做的事就可以了。对此你怎么看呢？

第二章　勇赴国难

文化典籍

一　唐雎①不辱使命

【原文选读】

秦王使人谓安陵君②曰："寡人欲以五百里之地易安陵，安陵君其③许寡人！"安陵君曰："大王加惠，以大易小，甚善；虽然，受地于先王，愿终守之，弗敢易！"秦王不悦。安陵君因使唐雎使于秦。

秦王谓唐雎曰："寡人以五百里之地易安陵，安陵君不听寡人，何也？且秦灭韩亡魏，而君以五十里之地存者，以君为长者，故不错意也④。今吾以十倍之地，请广于君⑤，而君逆寡人者，轻寡人与⑥？"唐雎对曰："否，非若是也。安陵君受地于先王而守之，虽千里不敢易也，岂直五百里哉？"

秦王怫然怒，谓唐雎曰："公亦尝闻天子之怒乎？"唐雎对曰：

"臣未尝闻也。"秦王曰："天子之怒，伏尸百万，流血千里。"唐雎曰："大王尝闻布衣之怒乎？"秦王曰："布衣之怒，亦免冠徒跣⑦，以头抢地耳。"唐雎曰："此庸夫之怒也，非士之怒也。夫专诸之刺王僚也，彗星袭月；聂政之刺韩傀也，白虹贯日；要离之刺庆忌也，仓鹰击于殿上⑧。此三子者，皆布衣之士也，怀怒未发，休祲降于天⑨，与臣而将四矣。若士必怒，伏尸二人，流血五步，天下缟素⑩，今日是也。"挺剑而起。

秦王色挠⑪，长跪而谢之⑫曰："先生坐！何至于此！寡人谕⑬矣：夫韩、魏灭亡，而安陵以五十里之地存者，徒以有先生也。"

（选自西汉·刘向《战国策·魏策四》）

注释：

①唐雎（jū）：人名。

②安陵君：安陵国的国君。安陵原是魏国的附属小国。

③其：语气副词表强调。

④故不错意也：所以不打他的主意。错意，置意。错，通"措"，安置。

⑤请广于君：让你们的国君扩大领土。

⑥与（yú）：通"欤"，相当于"吗"。

⑦免冠徒跣（xiǎn）：摘掉帽子光着脚。跣，光脚。

⑧夫专诸……仓鹰击于殿上：专诸刺杀吴王僚之时，彗星的尾巴扫过月亮；聂政刺杀韩傀之时，一道白光直冲上太阳；要离刺杀庆忌之时，苍鹰飞到宫殿上。仓，通"苍"，苍鹰。

⑨休祲（jìn）降于天：吉凶的征兆就从天而降了。休，吉祥。祲，不祥。

⑩缟（gǎo）素：本意是白色丝织品，此指穿丧服。

⑪色挠：显出屈服的神情。

⑫长跪而谢之：跪直身子，表达歉意。长跪，古人平时席地而坐，臀部压

在脚跟上，长跪时就挺直腰身。

⑬谕：通“喻”，明白。

【文意疏通】

安陵原是魏国的附属小国。秦始皇二十二年，在灭掉魏国之后，秦想以“易地”的名义占领安陵。于是就派人对安陵君说：“我打算要用方圆五百里的土地来交换安陵，安陵君你一定要答应我啊！”安陵君说：“大王赐给我以恩惠，用大的地盘交换小的地盘，实在是件好事；然而虽如此，可这土地是从先王那继承来的，我愿意一直守护它，不敢用来交换！”秦王听了很不高兴。因此安陵君就派遣唐雎出使到秦国进行解释。

秦王见到唐雎就说：“我用方圆五百里的土地来交换安陵这个小国，安陵君竟然不肯听从我，这是为什么呢？况且秦国先后灭韩亡魏，而方圆只有五十里的安陵却能够幸存下来，完全是因为我把安陵君看作忠厚的长者，所以没有打他的主意。现在我用十倍于安陵的土地，让你们的君主扩大自己的领土，但是他却违背我的好意，难道是看不起我吗？”唐雎回答说：“不，当然不是这样。因为这是安陵君从先王那里继承的封地，所以才守护它，哪怕是方圆千里的土地也不敢拿来交换，更何况只是五百里的土地呢？”

秦王听后勃然大怒，对唐雎说：“你曾经听说过天子发怒时的情景吗？”唐雎回答说：“我没有听过。”秦王解释说：“天子发怒时，就会有数百万人的尸体倒下，鲜血流淌数千里。”唐雎说：“大王曾经听说过百姓发怒吗？”秦王说：“百姓发怒，也不过就是摘掉帽子光着脚，把头往地上撞罢了。”唐雎说：“这是平庸无能的人发怒，不是有才能有胆识的士人发怒。专诸刺杀吴王僚的时候，彗星

的尾巴扫过月亮；聂政刺杀韩傀的时候，一道白光直冲上太阳；要离刺杀庆忌的时候，苍鹰扑在宫殿上。他们三个人，都是平民中的士人，心里的愤怒还没发作出来的时候，上天就降下了吉凶的征兆。如果你非要逼迫安陵，那么现在专诸、聂政、要离连同我，将并列成为四个人了。假若士人一定要被逼发怒，那么就会让眼前两个人的尸体倒下，在五步之内淌满鲜血，天下百姓将要穿上丧服，今天就是这个时候吧。"说完就拔剑而起。

秦王吓得变了脸色，跪起身，向唐雎道歉说："先生请坐！怎么会说到了这种地步啊！我明白了：虽然韩国、魏国灭亡，但安陵却凭借方圆五十里的地方生存下来，就是因为有先生您在啊！"

【义理揭示】

唐雎在国家存亡的危急关头出使秦国，与秦王针锋相对地进行斗争。先是耐心解释并且态度坚决地拒绝。之后当秦王被激怒，以"天子之怒"相威胁时，唐雎则以布衣侠士为榜样，拔剑而起以死相拼，迫使秦王屈服。他不但暂时保全了国家的利益，而且也保全了弱小者的尊严。

二　陈蕃怒讨宦官

【原文选读】

蕃与后父大将军窦武[①]，同心尽力，征用名贤，共参政事，天下之士，莫不延颈想望太平。而帝乳母赵娆，旦夕在太后侧，中常侍[②]曹节、王甫等与共交构，谄事[③]太后。太后信之，数出诏命，有所封拜，及其支类④多行贪虐。蕃常疾之，志诛中官⑤，会窦武亦有谋。

及事泄，曹节等矫诏⑥诛武等。蕃时年七十余，闻难作，将官属诸生八十余人。并拔刃突入承明门，攘臂⑦呼曰："大将军忠以卫国，黄门反逆，何云窦氏不道⑧邪？"王甫时出，与蕃相迕⑨，适闻其言，而让⑩蕃曰："先帝新弃天下，山陵未成⑪，窦武何功，兄弟父子，一门三侯？"遂令收蕃。蕃拔剑叱甫，甫兵不敢近，乃益人围之数十重，遂执蕃送黄门北寺狱。即日害之。

（选自南朝宋·范晔《后汉书·陈王列传》）

注释：

①后父大将军窦武：窦武的长女窦妙被汉桓帝立为皇后，灵帝继位后，窦武又以太后父亲的身份被拜为大将军。

②中常侍：东汉多以宦者担任此职，并授以重任。

③谄事：逢迎侍奉。

④支类：分支、下属。

⑤中官：即宦官。

⑥矫诏：假托皇帝的命令。

⑦攘臂：挽起袖子，露出胳膊表示振奋。

⑧不道：不守臣道。

⑨相迕：相遇。

⑩让：责备。

⑪先帝新弃天下，山陵未成：指汉桓帝刚刚驾崩，坟墓尚未建好。

【文意疏通】

陈蕃与窦太后的父亲大将军窦武，同心尽力，征用名流贤士，共同参与国家政事，天下之士，无不伸长脖子盼望着他俩能为百姓带来太平安定的生活。然而灵帝的乳母赵娆，一天到晚都陪在窦太后身边，宫内的宦官曹节、王甫等与她勾结，讨好太后。太后信任他们，多次下诏令给他们封爵授官，而他们的下属，大都贪婪暴虐。陈蕃一直痛恨他们，下决心诛灭宦官，正好窦武也有同样的想法。

然而想要诛灭宦官的事情泄露后，曹节等人就伪造了太后的命令杀了窦武等人。陈蕃当时已经七十多岁，听说叛乱发生，就率领属官和学生八十多人，一起拔刀冲入承明门，振臂高喊道："窦武将军忠诚卫国，宦官们造反叛乱，怎么可以说窦氏不守臣道呢？"王甫当时从宫中出来，与陈蕃相遇，正好听到了他的话，就斥责陈蕃说："先帝刚刚驾崩，陵墓尚未修成，窦武有何功劳，兄弟父子，一门三人封侯？"于是喝令逮捕陈蕃。陈蕃拔剑大声叱骂王甫，王甫手下的兵士都不敢靠近他，于是又增兵，把陈蕃等人包围了几十层，最后抓捕了陈蕃，把他关进宦官掌管的北寺狱中。当天就杀害了他。

【义理揭示】

东汉的历史上，"外戚专权"与"宦官干政"总是交替威胁着以皇帝为核心的中央集权。那个年轻时因一心"扫天下"而闻名的陈蕃，竟然在七十多岁时依然不改本色，在身为除患主力的将军窦武被杀后，还是带着门生随从，拔刀而上，禁不住让人为他的正直与勇敢叫好。在他死后，东汉因宦官专权而迅速走向衰微，也进一步证明了他的远见卓识。

三 卞壶父子殉难

【原文选读】

时庾亮将征苏峻^①，言于朝曰："峻狼子野心，终必为乱。今日征之，纵不顺命，为祸犹浅。若复经年，为恶滋蔓，不可复制^②。此是晁错劝汉景帝早削七国事^③也。"当时议者无以易之。壶^④固争，谓亮曰："峻拥强兵，多藏无赖^⑤，且逼近京邑，路不终朝，一旦有变，易为蹉跌^⑥。宜深思远虑，恐未可仓卒^⑦。"亮不纳。壶知必败……壶司马任台劝壶宜畜良马，以备不虞^⑧。壶笑曰："以顺逆论之，理无不济^⑨。若万一不然，岂须马哉！"峻果称兵。壶复为尚书令、右将军、领右卫将军，余官如故。

峻至东陵口，诏以壶都督大桁东诸军事、假节^⑩，复加领军将军、给事中。壶率郭默、赵胤等与峻大战于西陵，为峻所破。壶与钟雅皆退还，死伤者以千数。壶、雅并还节，诣阙谢罪^⑪。峻进攻青溪，壶与诸军距^⑫击，不能禁。贼放火烧宫寺，六军败绩。壶时发背创，犹未合^⑬，力疾而战，率厉^⑭散众及左右吏数百人，攻贼麾下，苦战，遂死之，时年四十八。二子眕、盱见父没^⑮，相随赴贼，同时见害。

（选自唐·房玄龄《晋书·卞壶传》）

注释：

①时庾亮将征苏峻：当时庾亮想要征召苏峻上朝，借机除掉他。庾亮，字元规，晋明帝驾崩后，被封为护军将军，与王导等辅佐晋元帝登基。

②不可复制：不能再控制住（苏峻）了。

③晁错劝汉景帝早削七国事：晁错劝汉景帝及早削除七国兵权的同类事。

④壸（kǔn）：卞壸，光禄大夫，当时与庾亮同为辅国大臣。

⑤多藏无赖：藏匿了许多无赖之人。

⑥蹉跌：失足跌倒，这里比喻受挫、失势。

⑦仓卒：仓促。卒，通"猝"。

⑧以备不虞：来防备意外事情的发生。虞，预料。

⑨以顺逆论之，理无不济：从忠诚和叛逆的角度来看，按道理不应该不成功。

⑩都督大桁（héng）东诸军事、假节：主持掌管东部地区的军事，赐予生杀大权。大桁，东晋建康城南的浮桥，正对朱雀门。假节，魏晋南北朝时，掌地方军政的官往往加"使持节""持节"或"假节"的称号，"假节"得杀犯军令者。

⑪壸、雅并还节，诣阙谢罪：卞壸、钟雅一同归还节符，到宫殿前谢罪。

⑫距：通"拒"，抵御。

⑬发背创，犹未合：背疮发作，还没有愈合。创，通"疮"。

⑭率厉：率领督促。厉，通"励"。

⑮二子眕（zhěn）、盱（xū）见父没：他的两个儿子卞眕、卞盱看到父亲为国而死。没，通"殁"。

【文意疏通】

晋明帝驾崩后，庾太后临朝，她的哥哥庾亮被封为护军将军，与王导、卞壸等共同辅佐晋元帝登基。庾亮当时认为苏峻屯兵历阳，最终都会生祸乱。于是就主张假诏征苏峻入城受封，借机除掉他。他在朝堂上进言说："苏峻有虎狼之心，最终必会起兵作乱。现在召他入朝，即使不成，祸害还不会很大，若再等几年，他羽翼丰满的时候，就不能再加以控制了。这和西汉晁错力劝景帝尽早削除七藩的事是一个道理。"当时众人都认为庾亮说得有理，只有卞壶一人坚持抗争，他对庾亮说："苏峻拥有重兵，帐下有许多无赖流氓之辈，况且驻地离京城不远，一天就能到，一旦发生叛乱，事情就容易失败。应该深思熟虑，恐怕不能仓促行事。"但庾亮没有采纳卞壶的建议，卞壶知道计划一定会失败……卞壶的司马任台劝他应该准备好良马，以备不测。他笑着说："苏峻是谋逆之人，大逆不道，按道理说是必然灭亡的。如果万一不成功，难道还要骑着良马逃跑吗？"后来苏峻果然起兵。卞壶一直担任文官职务，领军打仗本不是他的长处。但他声望高，号召力强，于是又任命他为尚书令、右将军、领右卫将军衔，其余职位与过去一样。

苏峻进军到东陵口，卞壶再被任命为都督大桁东诸军事、假节，又加领军将军、给事中。卞壶后率领郭默和赵胤等在西陵与苏峻军大战，被苏峻打败。卞壶和钟雅全都撤退，死伤的士兵数以千计。两人一同并归遇符节到宫殿前谢罪。此后苏峻进攻青溪，卞壶又与诸军抵抗，却无法阻止对方。叛军火烧宫寺，各路兵马全都战败。当时卞壶背疮发作，尚未愈合，但仍然身先士卒，带着左右亲兵几百人，进攻叛军指挥营地，英勇杀敌，终因不支，壮烈殉国，时年48岁。他的两个儿子卞眕、卞盱，看见父亲殉国，也相继杀入敌军阵营，都力战而死。

【义理揭示】

晋明帝死后，外戚掌权，国家陷入动荡之中。卞壶先是力排众议，直谏庾亮的计谋不可行，这已经算是正直忠诚了。但在建议不被采纳，而且明知叛军势力强大，自己一定会失败的情况下，还是

奋勇杀敌。父死子随，其气度慷慨悲壮，难怪后人赞其曰："父死于君，子死于父，忠孝之道，萃于一门。"

四 祖逖闻鸡起舞

【原文选读】

　　祖逖，字士稚。逖少孤，兄弟六人。逖性豁荡，不修仪检①，年十四五犹未知书，诸兄每忧之。然轻财好侠，慷慨有节尚②，每至田舍，辄称兄意，散谷帛以周贫乏，乡党宗族以是重之。后乃博览书记，该③涉古今，往来京师，见者谓逖有赞世才具④。

　　与司空刘琨俱为司州主簿，情好绸缪⑤，共被同寝。中夜闻荒鸡鸣，蹴琨觉曰："此非恶声也。"因起舞。逖、琨并有英气，每语世事，或中宵起坐，相谓曰："若四海鼎沸，豪杰并起，吾与足下当相避于中原⑥耳。"

　　及京师大乱，逖率亲党数百家避地淮泗，以所乘车马载同行老疾，躬自徒步，药物衣粮与众共之。又多权略，是以少长咸宗之，推逖为行主⑦。达泗口，元帝逆用为徐州刺史，寻征军谘祭酒⑧，居丹徒之京口。

　　逖以社稷倾覆，常怀振复⑨之志。时帝方拓定江南，未遑⑩北伐，逖进说曰："晋室之乱，非上无道而下怨叛也。由藩王争权⑪，自相诛灭，遂使戎狄乘隙，毒流中原。今遗黎既被残酷⑫，人有奋击之志。大王诚能发威命将，使若逖等为之统主，则郡国豪杰必因风向赴，沉溺之士欣于来苏⑬，庶几国耻可雪，愿大王图之。"

　　帝乃以逖为奋威将军、豫州刺史，给千人廪，布三千匹，不给

铠仗^⑭，使自招募。仍将本流徙部曲^⑮百余家渡江，中流击楫而誓曰："祖逖不能清中原而复济者，有如大江！"辞色壮烈，众皆慨叹。

（选自唐·房玄龄《晋书·祖逖传》）

注释：

①逖性豁荡，不修仪检：祖逖性格豁达，不讲究礼仪。仪检，礼仪、规矩。

②节尚：志节、节操。

③该：广博。

④赞世才具：辅佐治理天下的才能。赞，辅佐、帮助。

⑤绸缪（móu）：情意殷切。

⑥吾与足下当相避于中原：意思是将来群雄在中原并争时，两人应该彼此避开，不要冲突。

⑦行主：主持行旅之事的人。

⑧寻征军谘（zī）祭酒：不久又征召他做了军队中的参谋长。军谘，古军职名。

⑨振复：振兴国家，恢复中原。

⑩遑：闲暇。

⑪藩王争权：指西晋年间司马氏宗室之间为争夺政权而爆发的混战。

⑫今遗黎既被残酷：现今沦陷区的人民已遭到残害。遗民，指沦陷区的人民。

⑬郡国豪杰必因风向赴，沉溺之士欣于来苏：全国的豪杰必然顺风响应，态度消极的士人也会欣喜地因此而苏醒振奋。向赴，响应。沉溺，这里指态度消极。来苏，意思是因其来而于困苦中获得苏醒。

⑭给千人廪，布三千匹，不给铠仗：提供一千人可用的粮食，三千匹布，没有提供铠甲和武器。廪，廪食，公家配给的粮食。

⑮部曲：部队，这里指祖逖带领的部族武装。

【文意疏通】

祖逖，字士雅。他年少时父亲去世，兄弟共六个。他性格豁达，不讲究仪表礼仪。十四五岁的时候也不好好读书，几位哥哥常常为此而担忧。然而他轻视财物看重义气，为人慷慨有气节，每到农家，就假托称哥哥的心意，散发谷物布帛来接济贫困的人家，乡间宗族的人们因此都很敬重他。后来他博览群书，涉猎古今史实，往来京城，见到他的人都说他有治国的才干。

他与司空刘琨同任司州主簿，两人志趣相投，共卧就寝。半夜听到野鸡啼叫，祖逖用脚把刘琨踢醒，说："这鸡鸣不是坏声音呀。"于是起床练习舞剑。祖逖与刘琨都有英雄气概，经常在一起谈论国家大事，有一次半夜坐起来交谈，彼此说："如果天下混乱，英雄豪杰群起争锋，我与你在中原地区应该相互避开，不要相争啊。"

等到京城洛阳发生变乱，祖逖率领亲族数百家避难到淮河、泗水地区，他用自己所乘坐的车马收载一同逃难的老人和病人，自己步行，所带的药物和衣服粮食与大家共同分享。又很有计谋，因此老少全都遵从他的安排，推举他为主事人。到达泗口后，晋元帝任命他为徐州刺史，不久又征召他做了军队的顾问，住在丹徒的京口。

祖逖因为西晋政权遭颠覆，常常怀有振兴国家、收复中原的大志。当时晋元帝正在拓展平定江南地区，无暇北伐，祖逖就进言："晋朝的混乱，并非因为君主无道而臣民怨恨作乱。而是由于司马氏宗室之间为争夺政权，自相残杀，才使得北方的少数民族趁虚而入，毒害中原。现今沦陷区的人民已然遭到残害，人人都有奋起抗争的心意。大王如果能够发威任命将领，让像我一样的人作为他们的统帅，那么各地的豪杰一定会顺风响应，那些态度消极的士人也会欣喜地重新振奋起来，国家的耻辱就差不多可以洗雪一清了，希望大王谋划此事。"

于是晋元帝就任命祖逖为奋威将军、豫州刺史，提供可供一千人吃的粮食和三千布匹，没有提供盔甲武器，让他自己招募士兵。祖逖就仍然带领着先前同流亡来的部属几百户乡亲一起渡过长江，船到江心，他用船桨击打着船舷边发誓说："我如果不能扫平中原而再来渡江的话，就像这大江一样流逝不能复返。"他的言辞神情慷慨壮烈，大家都为之慨叹。

【义理揭示】

司马氏内部分裂导致西晋政权在几十年间迅速崩溃，南渡之时人心溃散，多少人在惶恐中想尽各种办法逃到江南避灾祸。然而祖逖逃到了江南却还要带着亲族渡江打回去，为的就是一雪国耻。大江奔流一去不复返，英雄果然没有辜负自己的誓言，祖逖在七八年间收复了黄河以南大片失地，打得北方的石虎心服口服，甚至还给祖逖过世的先人修墓以示友好。看来，南渡的朝廷并非尢人，但是只有像祖逖这样，把国家的耻辱当成自己的耻辱，不计个人安危得失的人，才能真正拥有排山倒海的力量。

五 张巡从容就义

【原文选读】

南霁云之乞救于贺兰也①，贺兰嫉巡、远②之声威功绩出己上，不肯出师救；爱霁云之勇且壮，不听其语，强留之，具食与乐，延③霁云坐。霁云慷慨语曰："云来时，睢阳之人，不食月余日矣！云虽欲独食，义不忍；虽食，且不下咽！"因拔所佩刀断一指，血淋漓，以示贺兰。一座大惊，皆感激④为云泣下。云知贺兰终无为云出师意，即驰去；将出城，抽矢射佛寺浮图⑤，矢着⑥其上砖半箭，曰："吾归破贼，必灭贺兰！此矢所以志⑦也。"

愈⑧贞元中过泗州，船上人犹指以相语。

城陷，贼以刃胁降巡，巡不屈，即牵去，将斩之；又降霁云，云未应。巡呼云曰："南八⑨，男儿死耳，不可为不义屈！"云笑曰："欲将以有为也⑩；公有言，云敢不死！"即不屈。巡起旋⑪，其众见巡起，或起或泣。巡曰："汝勿怖！死，命也。"众泣不能仰视。巡就戮时，颜色不乱，阳阳如平常⑫。远宽厚长者，貌如其心；与巡同年生，月日后于巡，呼巡为兄，死时年四十九。

（选自唐·韩愈《张中丞传后叙》）

注释：

①南霁云之乞救于贺兰也：南霁云向贺兰乞求救兵的时候。南霁云，安禄山叛乱时，他是防守睢（suī）阳的张巡的部将。贺兰，河南节度使，拥重兵驻临淮。

②巡、远：张巡、许远，二人坚守睢阳城，抗击安禄山，城陷被杀。

③延：延请。

④感激：因感慨而情绪激动。

⑤浮图：也写作浮屠，此指佛塔。

⑥着：中，射中。

⑦志：作标志。

⑧愈：本文作者韩愈自称。

⑨南八：南霁云，排行第八。

⑩欲将以有为也：想着将要有所作为。

⑪巡起旋：张巡站起转身。

⑫阳阳如平常：神态安详就像平常一样。

【文意疏通】

唐玄宗时，安禄山带领属下发动叛乱，很快就席卷了中原地区，唐朝多地的守军和地方官员或投降或弃城而去。在叛军大兵压境，内无粮草、外无救兵的情况下，张巡和许远依然坚守睢阳。张巡派南霁云突围向河南节度使贺兰进明请求救援，然而贺兰进明却嫉妒张巡、许远的名望和功劳超过了自己，不肯出兵相救。但贺兰喜欢南霁云的英勇和豪壮，虽不愿听他的请求前去救援，却想要硬把他留下来。为此他还准备了酒宴和歌舞，邀请南霁云入座。此时南霁云慷慨激昂地说："我来的时候，睢阳城内的军民已经有一个多月没吃东西了。我即使想一个人享受这些美食，在道义上也不忍心这样做；就算是吃到嘴里了，恐怕我也难以下咽。"说完他拔出自己的佩刀，当场砍断一个手指，鲜血淋漓地拿给贺兰进明看，表明自己的心意已决。在座的人无不震惊万分，都感动得为他掉泪。南霁云知道贺兰进明终究没有为自己出兵的意思，立即起身上马离去。在快要出城的时候，他抽出一支箭射向城中佛寺的高塔，那支箭射进佛塔砖面有半箭之深。他立

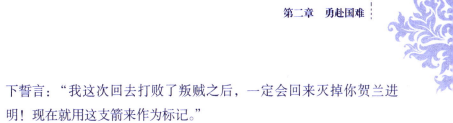

下誓言："我这次回去打败了叛贼之后，一定会回来灭掉你贺兰进明！现在就用这支箭来作为标记。"

我于贞元年间路过泗州时，船上的人还指着佛塔告诉我当年的情况。

后来睢阳城失陷之后，叛贼用刀威逼张巡投降。张巡毫不屈服，随即被拉走，行将斩首。又威逼南霁云投降，南霁云当时没有回答。张巡对南霁云说道："南八，大丈夫不过一死罢了，不能向不义之人屈服！"南霁云笑着回答说："我原来还想要有所作为。您既然这样说了，我哪敢不死！"于是他也没有向敌人屈服。一会儿，张巡站起来转过身，他的部下见他起身，有的跟着站起，有的哭了起来。张巡说："你们不要害怕！死，这是命中注定的事。"大家都哭得不忍再抬头看他。张巡被杀时，脸色毫不慌张，神态安详，就和平日一样。许远是个宽厚的长者，相貌也和他的内心一样；他和张巡同年出生，但时间比张巡稍晚，一直称张巡为兄长，死时49岁。

【义理揭示】

张巡、许远、南霁云……韩愈笔下的《张中丞传后叙》补出了一组英雄的群像。他们互相鼓舞，互相支撑，张巡的视死如归凸显其忠心，南霁云的不愿独活为的是道义，忠义互为表里，相得益彰。选文中写许远的部分只有一两句，然而一个宽厚长者的形象却清晰地矗立在读者眼前，表明那些慷慨赴难的都是值得敬爱的人。

六 李侃妻助夫守城

【原文选读】

建中四年，李希烈陷汴州①；既又将盗陈州，分其兵数千人抵项城县。盖将掠其玉帛，俘累②其男女，以会于陈州。

县令李侃不知所为。其妻杨氏曰：“君，县令也。寇至当守；力不足，死焉，职也。君如逃，则谁守？”侃曰：“兵与财皆无，将若何？”杨氏曰：“如不守，县为贼所得矣，仓廪皆其积也，府库皆其财也，百姓皆其战士也，国家何有？夺贼之财而食其食，重赏以令死士，其必济③！”于是召胥吏、百姓于庭，杨氏言曰：“县令，诚主也；虽然，岁满则罢去④，非若吏人、百姓然。吏人、百姓，邑人也，坟墓存焉⑤，宜相与致死以守其邑，忍失其身而为贼之人耶？”众皆泣，许之。乃徇⑥曰：“以瓦石中贼者，与之千钱；以刀矢兵刃之物中贼者，与之万钱。”得数百人，侃率之以乘⑦城。杨氏亲为之爨以食之⑧；无长少，必周而均。使侃与贼言曰：“项城父老，义不为贼矣，皆悉力守死。得吾城不足以威，不如亟去⑨，徒失利无益也。”贼皆笑。有飞箭集⑩于侃之手，侃伤而归。杨氏责之曰：“君不在，则人谁肯固⑪矣，与其死于城上，不犹愈于家乎？”侃遂忍之，复登陴⑫。

项城，小邑也，无长戟劲弩、高城深沟之固。贼气吞⑬焉，率其徒将超⑭城而下。有以弱弓射贼者，中其帅，坠马死。其帅，希烈之婿也。贼失势，遂相与散走，项城之人无伤焉。

（选自唐·李翱《李文公集》）

注释:

①李希烈陷汴州:李希烈攻陷了汴州。唐德宗建中三年,李希烈叛乱,在汴州称楚帝。

②累:捆绑。

③济:成功。

④岁满则罢去:任期满了就会离去。

⑤吏人、百姓,邑人也,坟墓存焉:吏人、百姓,是当地人,祖先坟墓就在这里。

⑥徇:对众宣示。

⑦乘:登上。

⑧亲为之爨(cuàn)以食(sì)之:亲手为战士们做饭给他们吃。爨,此指烧火做饭。

⑨亟去:赶快离开。

⑩集:射中。

⑪固:固守,坚守。

⑫陴(pí):城上的矮墙,亦称"城垛子"。

⑬气吞:一口气吞下,形容气势很大。

⑭超:越过。

【文意疏通】

建中三年,唐德宗派李希烈带兵平叛,不想李希烈却与叛军联合。建中四年时,李希烈攻陷了汴州,并在汴州称帝,随后又要掠夺陈州。李希烈从他的主力部队中分出几千人,开拔到达项城县。想要掠夺这里的财物,俘虏捆绑这里的男女,然后再到陈州会师。

项城县令李侃只是个文职官员,手下也没有军队,一时不知怎么办才好。他的妻子杨氏说:"您是县官,叛贼到了自然应当守卫;

如果力量不足，即使死了，也是忠于职守啊。您假如逃跑，那么谁来守城呢？"李侃说："我没有军队，也没有钱粮，该怎么守城呢？"杨氏说："假如不守，县城被叛贼抢夺去了，那么粮仓里储藏的东西就都成了叛军的积蓄，库府里的财物就都成了他们的财物，百姓就都成了他们的士兵，国家还能有什么呢？所以夺取贼兵的财物，吃他们的粮食，重赏鼓励敢死的百姓，就一定能够成功的！"于是，县令就在庭院里召集当地的官吏和百姓，他的妻子杨氏对大家说："县官确实是一城之主，虽然如此，任期满了就会离职而去，不像官吏和百姓那样。官吏和百姓都是本地人，你们的祖坟在这里，所以应该一同出力死守这个县城，怎能忍心丧身而成为叛贼俘虏呢？"众人都流着泪答应一定拼死守卫。于是李侃当众宣布命令："凡是用砖瓦石块击中贼人的，奖赏他一千钱；用刀箭兵器之类击中敌人的，奖赏他一万钱。"于是召集到几百人参加守卫，李侃带领他们登上城墙，杨氏亲自为他们煮饭分给他们吃，不分老少，一定照顾周到，分配均匀。杨氏让李侃对敌人说："项城的百姓，决定坚守忠义，绝不做贼，一定会全力死守不怕牺牲。另外，你们就算是占领了我们这座小城，也不足扬你们的军威，所以不如赶快离去，为不值得的战果而白白地受损没有什么好处。"叛贼听完都笑了。这时有流矢射中了李侃的手臂，李侃受伤就回到了家中。这时杨氏责备他说："您要是不在，那么谁能够固守阵地呢！即使是死在城上，难道不还是比死在家里更有意义吗？"李侃觉得妻子说的有理，就忍着伤痛又登上了城墙指挥防守。

项城是个小地方，没有长戟劲弩等精良武器，也没有高城深沟来固守。所以叛贼气焰十分嚣张，恨不得一口吞下，率领他们的士兵直接跨过城墙而攻入。此时有个守城士兵就拿着普通的弓箭向贼

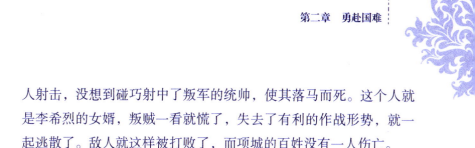

人射击，没想到碰巧射中了叛军的统帅，使其落马而死。这个人就是李希烈的女婿，叛贼一看就慌了，失去了有利的作战形势，就一起逃散了。敌人就这样被打败了，而项城的百姓没有一人伤亡。

【义理揭示】

大难当头，男人从来都是战争的主角；说到女人则是未嫁从父，出嫁从夫。但这位县令的夫人在紧要关头却把所有惊慌失措的男人都比了下去。她深明大义，有勇有谋：劝夫君尽显其忠，劝吏民尽显其智，责怯懦尽显其勇，为将士煮饭尽显其义。正因为如此，全城百姓才鼓起了让叛臣贼子意想不到的勇气，最终使得上天眷顾了这座小城。

七　杨业忠贞殉国

【原文选读】

大兵北征，以忠武军节度使潘美为云、应路行营都部署，命业副之①……未几，诏迁四州之民于内地②，令美等以所部之兵护之。时，契丹国母萧氏与其大臣耶律汉宁、南北皮室及五押惕隐③领众十余万，复陷寰州。业谓美等曰："今辽兵益盛，不可与战。朝廷止令取数州之民，但领兵出大石路，先遣人密告云、朔州守将，俟④大军离代州日，令云州之众先出。我师次⑤应州，契丹必来拒，即令朔州民出城，直入石碣谷。遣强弩千人列于谷口，以骑士援于中路，则三州之众，保万全矣。"

侁沮其议⑥曰："领数万精兵而畏懦如此。但趋雁门北川中，鼓行而往。"文裕亦赞成之。业曰："不可，此必败之势也。"侁曰："君侯素号无敌，今见敌逗挠不战⑦，得非有他志乎？"业曰："业非避死，盖时有未利，徒令杀伤士卒而功不立。今君责业以不死，当为诸公先。"

将行，泣谓美曰："此行必不利。业，太原降将⑧，分当死。上不杀，宠以连帅，授之兵柄。非纵敌不击，盖伺其便⑨，将立尺寸功以报国恩。今诸君责业以避敌，业当先死于敌。"因指陈家谷口曰："诸君于此张步兵强弩，为左右翼以援，俟业转战至此，即以步兵夹击救之，不然，无遗类⑩矣。"

美即与侁领麾下兵阵于谷口。自寅至巳，侁使人登托逻台望之，以为契丹败走，欲争其功，即领兵离谷口。美不能制⑪，乃缘交河西南行二十里。俄闻业败，即麾兵却走。业力战，自午至暮，果至谷口。望见无人，即拊膺大恸⑫，再率帐下士力战，身被数十创，士卒殆尽，业犹手刃数十百人。马重伤不能进，遂为契丹所擒，其子延玉亦没焉⑬。业因太息曰："上遇我厚，期讨贼捍边⑭以报，而反为奸臣所迫，致王师败绩，何面目求活耶！"乃不食，三日死。

业不知书，忠烈武勇，有智谋。练习攻战，与士卒同甘苦。……朔州之败，麾下尚百余人，业谓曰："汝等各有父母妻子，与我俱死无益也，可走还报天子。"众皆感泣不肯去。

（选自元·脱脱《宋史·杨业传》）

注释：

①以忠武军节度使潘美为云、应路行营都部署，命业副之：（皇帝）任用忠武军节度使潘美担任云、应路行营都部署，命令杨业为潘美的副手。

②诏迁四州之民于内地：下令迁徙云、应、寰、朔四州的百姓到内地来。

③南北皮室及五押惕隐（tì yǐn）：南北皮室军队和五押惕隐。皮室，契丹语"金刚"之意，辽国建立的心腹部队。惕隐，辽代职掌皇族政教的官员。

④俟：等到。

⑤次：驻扎。

⑥侁（shēn）沮其议：监军王侁批评杨业的观点。沮，批评，诋毁。

⑦今见敌逗挠不战：如今看见敌人却停止不前，屈服不战。逗，停留。挠，屈服。

⑧太原降将：杨业原为太原人，北汉大将，后随主入宋。

⑨伺其便：等待适宜的时机。

⑩无遗类：没有活下来的士兵。

⑪美不能制：潘美不能控制王侁军队。

⑫拊膺（yīng）大恸（tòng）：捶胸大哭。拊膺，捶胸，表示极为痛苦。

⑬其子延玉亦没焉：他的儿子杨延玉也死在那里。没，通"殁"。

⑭捍边：守卫边疆。

【文意疏通】

北宋与辽国连年征战不断，这一次宋军大举北征，任用忠武军节度使潘美担任云、应路行营都部署，命令杨业为潘美的副手。不久，宋太宗下诏书，要将云、应、寰、朔四州的居民迁往内地，命令潘美等人率领部下的军队护送这些居民。此时，契丹皇太后萧氏与大臣耶律汉宁带着南北皮室军的将领及五押惕隐等一起率领十几万军队重新攻陷寰州。杨业对潘美等人说："现在辽国军队正处在士气最旺盛的时候，不要同他们正面交战。朝廷这次只命令我们迁移几个州的百姓，所以只需领军从大石路出，先派人暗中告诉云州、朔州的守将，等大军离开代州之时，命令云州的百姓先出城。

我们的军队驻扎在应州，契丹兵必定前来交战，此时立即命令朔州的百姓出城，直接进入石碣谷。我们派弓箭手一千人列在谷口，用骑兵增援中路，三州的百姓，就可确保安全了。"

然而监军王侁反对这个建议，他说："我们率领数万精兵却居然表现得这样害怕敌人！我军只管直奔雁门北川中路，击鼓呐喊前进就是了。"杨业说："不能这样，这样必定会失败的。"王侁说："君侯你一向被人称为'杨无敌'，怎么现在遇到敌人却逗留不前，屈从敌人呢？莫非你还有其他想法吗？"杨业说："我并非贪生怕死，只因为现在时机对我方不利，你这样做白白牺牲了士兵而不又能建立功勋。但既然现在您拿不愿牺牲来责备我，那我就在你们之前先出战好了。"

临出兵前，杨业流着眼泪对潘美说："此次行动必定不利。我杨业，不过是从太原过来的一员降将，战死本应是分内的事。皇上不杀我，信任地任命我为将军，并且交给我军事大权，我并不是放掉敌人而不打，只是为了等待便于攻敌的时机，将立尺寸之功来报答国恩。今天各位用躲避敌人的名义来责备我，那我杨业应当首先战死。"于是，杨业指着代州西北的陈家谷口说："请各位将军在这里埋伏下步兵和弓箭手，分成左右两翼准备支援。等我战败退到这里时，你们就用伏兵从左右两边夹击敌军救援我。不然的话，只怕我会全军覆灭，不剩一人了！"

于是潘美与王侁就带着部下士兵在陈家谷口排好阵式。结果两人从寅时一直守到巳时，还没有动静。王侁就派人登上高台瞭望前方战场，误以为契丹军队即将被杨业打败逃走，心想着与杨业争功，马上带领军队离开陈家谷口。潘美也拦不住他，于是也带领军队沿着交河向西南前进了二十里。不久，听到了杨业兵败的消息，潘美立即指挥军队退却。杨业奋力战斗，从中午一直打到傍晚，果然退到了谷口。可是当他望见谷口并无救兵，只能捶胸大哭。于是接着率部下兵士奋力作战，身受几十处创伤，士兵们也几乎全部战死，杨业亲手斩杀了百十来个敌人。后来因为战马受了重伤，无法前进，于是被契丹军队俘虏，他的儿子杨延玉也在这次战斗中牺牲。杨业于是仰天长叹道："太宗皇帝待我恩重，我本来指望可以讨伐敌人、保卫边疆来报答皇恩，谁知却被奸臣逼迫出兵，致使军队遭惨败，我还有什么脸面活下来呢！"于是绝食三天而死。

杨业不认识字，但性情忠烈勇猛，带兵打仗很有谋略。他训练攻击作战时，能与士卒同甘共苦。当年在朔州兵败时，他的部下还有一百多人，杨业对他们说："你们这些人各有自己的父母妻子儿女，同我一起死没有益处，逃回去吧，找机会再报效天子。"结果将士们都被感动的哭泣起来，不肯离去。

【义理揭示】

稍微上了年纪的中国人无人不知杨家将，七郎八虎勇闯幽州、血战金沙滩、佘太君百岁挂帅、十二寡妇征西、穆桂英挂帅……一门忠烈的杨家将，与屡弱的大宋西北边疆之间有说不完的故事。明知不可贸然出战，但为了自证清白与名誉，杨业还是毅然出战；战至死境，手下一百多亲兵无人肯逃，杨家将把那些只知道考虑个人功劳与安危的士大夫永远地钉在了耻辱柱上。

八 谢枋得拒不仕元

【原文选读】

至元①二十三年，集贤学士程文海荐宋臣二十二人，以枋得为首②，辞不起。又明年，行省丞相忙兀台③将旨诏之，执手相勉劳。枋得曰："上有尧、舜，下有巢、由，枋得名姓不祥④，不敢赴诏。"丞相义之，不强也。二十五年，福建行省参政管如德将旨如江南求人才⑤，尚书留梦炎⑥以枋得荐，枋得遗书梦炎曰："今吾年六十余矣，所欠一死耳，岂复有它志哉！"终不行。郭少师从瀛国公⑦入朝，既而南归，与枋得道时事，因相与痛哭。

福建行省参政魏天祐见时方以求材为急，欲荐枋得为功，使其友赵孟頫来言⑧，枋得骂曰："天祐仕闽，无毫发推广德意，反起银冶病民⑨，顾以我辈饰好邪？"及见天祐，又傲岸不为礼，与之言，坐而不对。天祐怒，强之而北。枋得即日食菜果⑩。

二十六年四月，至京师，问谢太后欑所及瀛国所在⑪，再拜恸哭。已而病，迁悯忠寺，见壁间《曹娥⑫碑》，泣曰："小女子犹尔，吾岂不汝若哉！"留梦炎使医持药杂米饮进之，枋得怒曰："吾欲死，汝乃欲生我邪？"弃之于地，终不食而死。

（选自元·脱脱《宋史·谢枋得传》）

注释：

①至元：元世祖忽必烈的年号。

②荐宋臣二十二人，以枋（fāng）得为首：向元朝推荐南宋旧臣22人，把谢枋得排在第一位。

③忙兀台：元人，元初时任江西行省右丞。

④枋得名姓不祥：我谢枋得的姓名不吉祥。

⑤将旨如江南求人才：带着圣旨到江南来征求人才。

⑥留梦炎：南宋末年状元出身的宰相，降元后任礼部尚书，后升任元丞相。

⑦瀛国公：南宋恭帝被俘以后，被元朝封为瀛国公。

⑧魏天祐、赵孟頫：两人都在宋亡后降元。

⑨反起银冶病民：相反还大兴炼银来使百姓受苦。

⑩菜果：蔬菜和水果。

⑪问谢太后攒（cuán）所及瀛国所在：询问谢太后的停葬处和宋恭帝住处。攒，殡葬用品。

⑫曹娥：东汉孝女，相传父亲溺于江中，数日不见尸体，年仅14岁的曹娥，昼夜沿江号哭。过了十七天，在五月五日也投江，五日后抱父尸而出。

【文意疏通】

　　元朝至元二十三年，集贤学士程文海向元朝推荐南宋旧臣22人，把谢枋得排在第一位，可他拒绝了，不愿就职。第二年，行省丞相忙兀台带着圣旨征召他，拉住他的手劝他出仕为官。谢枋得说："中国的历史上有唐尧、虞舜，下有巢父、许由，贤人很多，而我谢枋得的姓名这几个字不吉祥，所以实在不敢奉诏。"丞相认为他很仁义，也就没有强求他。至元二十五年，福建行省参政管如德又带着圣旨到江南来寻求人才，尚书留梦炎推荐了谢枋得，谢枋得写信给留梦炎说："现在我已六十多岁了，所欠的就是一死罢了，难道还有其他的志向吗？"最后还是未从诏受任。郭少师跟着投降后被封为瀛国公的宋恭帝入元，而后不久又回到南方，与谢枋得说起时事，不由得一同伤心痛哭。

福建行省参政魏天祐见当时元统治者把寻求人才当成紧急事务，想通过举荐谢枋得来邀功请赏，就派他的朋友赵孟頫来做说客，谢枋得气得骂道："魏天祐在福建任职，丝毫没有推广仁义道德的意思，相反还大规模炼银，残害百姓，难道想要我这样的人来为他粉饰吗？"等见到魏天祐，他又傲慢而不肯行礼。魏天祐同他说话，他坐下后也不加回应。魏天祐大怒，强迫他北上。谢枋得虽然不得不去，但随即开始不吃主食，每天仅食蔬菜、水果。

至元二十六年四月到京师后，谢枋得问到谢太后的停葬之处及宋恭帝的住处，再次朝拜，恸哭不已。不久患病，迁居悯忠寺，见壁间《曹娥碑》，哭着说："这小女子尚且不怕死，我难道还不如她吗？"留梦炎派医生拿来药杂拌入米饭中让他饮食，谢枋得发怒说："是我自己想死，你能要我活吗？"他把药饭洒在地上，最终绝食而死。

【义理揭示】

谢枋得是与文天祥同年考取进士的另一位爱国英雄。南宋未亡时，他也和文天祥一样积极组织义军进行抵抗，只是文人出身的他没有成为战争中的主角。抗元失败后，他隐居在福建山中，断不肯为元朝效命。不管是元朝高官，还是已然投诚的南宋遗臣，甚至是从前的皇族前来劝诫，他最终还是不肯仕元，绝食而死。因为他深知，元人的推崇和随之而来的高官厚禄，对南宋遗臣来说并非什么荣耀，而是奇耻大辱；即便做了官，也无法给南宋遗民带来幸福。所以既然无力回天，那就宁愿从心所愿。可以说，三番五次拒绝元人的他，风采绝不在同时代的文天祥之下。

九 邓世昌殉舰壮威

【原文选读】

邓世昌，字正卿，广东番禺人。少有干略①，尝从西人习布算术。既长，入水师学堂，精测量、驾驶。

二十年夏，日侵朝，绝海道②。鸿章令济远、广乙两船赴牙山，遇日舰，先击，广乙受殊伤③；轰济远，都司沈寿昌，守备杨建章、黄承勋中炮死。

我国海军乃大发④，泊鸭绿江大东沟，以铁舰十当敌舰十有二。汝昌乘定远居中⑤，列诸船左右张两翼。日舰鱼贯⑥进，据上风，汝昌令轰击，距远不能中。日舰小，运棹灵，倏分倏合⑦，弹雨垒集⑧，定远被震，大纛仆⑨。世昌见帅旗没，虑军心摇，亟取致远纛竖之。战良久，定远击沉其西京丸⑩，我之超勇毁焉。世昌乘致远，最猛鸷，与日舰吉野、浪速相当，吉野，日舰之中坚也。战既酣，致远弹将罄⑪，世昌誓死敌。将士知大势败，阵稍乱，世昌大呼曰："今日有死而已！然虽死而海军声威弗替⑫，是即所以报国也！"众乃定。世昌遂鼓轮怒驶⑬，欲猛触吉野与同尽，中其鱼雷，锅船裂沉。世昌身环气圈⑭不没，汝昌及他将见之，令驰救。拒弗上，缩臂出圈，死之。其副游击陈金揆⑮同殉，全船二百五十人无逃者。

（选自中华民国·赵尔巽《清史稿·卷四百六十》）

注释：

①干略：治事的才能与谋略。

②日侵朝，绝海道：日本入侵朝鲜，截断了中朝海上通道。

③广乙受殊伤：广乙舰受重创。

④大发：大规模出战。

⑤乘定远居中：（丁汝昌）乘定远旗舰处在舰队的正中。后文中"致远""超勇"都是北洋水师的舰船名称。丁汝昌，北洋水师提督。

⑥鱼贯：形容纵向前后接连。

⑦运棹灵，倏（shū）分倏合：驾驶灵活，一会儿分开，一会儿汇合。倏，极快地。

⑧坌（bèn）集：聚集。

⑨大纛（dào）仆：旗舰上的号旗倒下了。

⑩西京丸：日舰名称。后文中"吉野""浪速"都是日舰名称。

⑪罄（qìng）：尽。

⑫弗替：不衰。替，衰落。

⑬鼓轮怒驶：开足马力，坚定勇敢地驶向敌人。

⑭气圈：救生圈。

⑮陈金揆（kuí）：时任致远舰帮带，兼领大副。

【文意疏通】

邓世昌，字正卿，是广东省番禺人。年纪轻轻就很有才干，曾经跟着西洋人学习数学。长大之后，进入水师学堂，精通测量和驾驶。

光绪二十年夏天，日军侵入朝鲜，截断了清朝通往朝鲜的海路交通。李鸿章命令，济远和广乙两船奔赴朝鲜的牙山运送士兵，返航时遭遇日舰，日舰首先攻击，广乙舰遭受重创而搁浅；又用炮火

轰炸济远舰，都司沈寿昌，守备杨建章、黄承勋都中了日舰的炮火而牺牲。

随后北洋水师大规模出战，停泊在鸭绿江大东沟，凭借十艘铁甲战舰应战十二艘日本战舰。提督丁汝昌乘坐着旗舰定远号在最中间，其他战舰如同大雁张开双翅一样在左右排开。日舰则纵向排列，鱼贯而进，占据了上风处。丁汝昌命令开火，但是却因为距离太远而没有击中。由于日舰体积稍小，驾驶就更加灵活，只见他们的舰船一会儿分开一会儿又汇合在一起，一时间天上弹雨纷飞，定远舰被击中起火，指挥的大旗被炸倒。邓世昌看见旗舰的帅旗倒下，担心军心动摇，于是急忙升起致远舰的旗子接替指挥。战斗进行了很久，定远舰击沉了日舰西京丸号，我们舰队的超勇号也被损毁。邓世昌坐镇的致远舰最勇猛，与日舰中的吉野号、浪速号正面交锋，吉野号，是日舰中的主力战舰。战斗还在激烈进行的时候，致远舰的炮弹却即将用光，邓世昌决定要在战场上和敌人以死相拼。这时将士们都知道大势已去，阵式稍乱，于是邓世昌大声呼喊着说："今天不过就是战死罢了！然而虽然战死，但我海军的名声和军威都不会衰落，这就是可以用来报效国家的事啊！"众人听了之后就平静了下来。邓世昌于是开足马力，坚定勇敢地向前驶去，想要冲撞吉野号与日舰同归于尽，不幸被敌舰的鱼雷击中，船体被炸裂沉入海底。起初邓世昌的身上套着救生圈浮在海面上，丁汝昌和其他将领看见了，赶忙命人前去救援。然而邓世昌却坚决不肯登上救生船，反而从救生圈中缩身而出，自沉水中而死。他的大副陈金揆也同时殉舰，全船250人见主将如此，最终没有一个人选择弃舰逃生。

【义理揭示】

后世研究者对甲午海战的细节多有怀疑，包括对邓世昌指挥的致远舰为何沉没也有不同看法。但战场形势往往瞬息万变，绝非只凭借后来者的纸上谈兵就能够洞悉，更不用说凭借着不可靠的臆想就对历史指指点点了。或战或逃，或耻辱求生，或战败殉舰，将士的责任心和人格高下自当一目了然。今天人们基本都已了解甲午海战失败的根本原因，并不在于前线某位将领的失职，而且致远舰将士以自己壮烈的殉舰，捍卫了军人的最后尊严。

十 谭嗣同狱中题壁

【原文选读】

至初六日，变遂发。时余方访君寓，对坐榻上，有所擘划①，而抄捕南海馆（康先生所居也）之报忽至，旋闻垂帘之谕②。君从容语余曰："昔欲救皇上既无可救，今欲救先生亦无可救，吾已无事可办，惟待死期耳。虽然，天下事知其不可而为之，足下试入日本使馆，谒伊藤氏③，请致电上海领事而救先生焉。"余是夕宿日本使馆，君竟日不出门，以待捕者。捕者既不至，则于其明日入日本使馆与余相见，劝东游，且携所著书及诗文辞稿本数册家书一箧④托焉。曰："不有行者，无以图将来；不有死者，无以酬圣主。今南海之生死未可卜，程婴、杵臼，月照、西乡⑤，吾与足下分任之。"遂相与一抱而别。初七、八、九三日，君复与侠士谋救皇上，事卒不成。初十日遂被逮。被逮之前一日，日本志士数辈苦劝君东游，君不听。再四强之，君曰："各国变法，无不从流血而成。今中国未闻有因变法而流血者，此国之所以不昌也。有之，请自嗣同始！"卒不去，故及于难。君既系狱，题一诗于狱壁曰："望门投宿思张俭⑥，忍死须臾待杜根⑦。我自横刀向天笑，去留肝胆两昆仑⑧。"盖念南海⑨也。以八月十三日斩于市，春秋三十有三。就义之日，观者万人，君慷慨神气不少变。

（选自清·梁启超《谭嗣同传》）

注释：

①擘（bò）划：筹划，安排。

②旋闻垂帘之谕：不久听说了西太后慈禧决定垂帘听政的诏书。

③谒伊藤氏：即伊藤博文，他于1898年来到中国，维新派想要请他赞助新政，"戊戌变法"失败后他曾协助康有为和梁启超逃往日本。

④箧（qiè）：书箱。

⑤程婴、杵臼，月照、西乡，吾与足下分任之：像程婴、西乡那样，活下来以图将来事业成功的职责，您来承担；像杵臼和月照那样赴死的职责，我来承担。程婴、杵臼：晋景公三年，屠岸贾杀了赵朔兄弟四人的全家老小，只有赵朔的妻子逃走并生下了一个遗腹子。程婴与公孙杵臼商定，由杵臼抱着别的婴儿进入山中隐藏起来，再由程婴假意告发，而程婴自己则把赵氏孤儿隐藏起来。最终杵臼和假孤儿被杀，真的赵氏孤儿由程婴抚养长大。月照、西乡二人均为日本倒幕派人物，月照被幕府逼迫而死，西乡隆盛活下来最终成为日本明治维新的"三杰"之一。

⑥望门投宿思张俭：在逃亡途中看到人家就去投宿，当时的紧张让人想起张俭。张俭，东汉末年因弹劾宦官侯览，被反诬结党营私，被迫逃亡，人们敬重他的声望品行，冒险接纳他。诗中借指逃亡中的康有为、梁启超等人一定会得到人们的帮助。

⑦忍死须臾待杜根：在逃亡中就要像忍死的杜根一样努力躲过朝廷的追

杀。杜根，东汉安帝时郎中，因要求邓太后还政于皇帝而触怒太后，被命令摔死。但执行人手下留情，为了应对检查，杜根装死达三天，眼中生蛆，才让太后相信他已死。邓太后死后，复官为侍御史。

⑧去留肝胆两昆仑：喻指离开和留下的人都是光明磊落、肝胆相照，像昆仑山一样巍峨高大。

⑨盖念南海：大概是心中还想着康有为。南海，康有为生于广东南海县，故称康南海。

【文意疏通】

到了八月初六，慈禧太后软禁光绪帝，政变爆发了。当时，我正在谭嗣同的寓所拜访他，我们两人面对面坐在床榻上，正筹划着救助皇上的办法时，搜捕康有为住所的消息忽然传来，不久就又听说了西太后下令垂帘听政的诏书。谭嗣同从容地告诉我说："此前想救皇上，已经无法可救，现在想救康先生，也已经无法可救。我已经没有事可做，只有等待死期了！虽然如此，天下事总是有明知不可能却非要做的。请您试着进入日本大使馆，拜见伊藤博文先生，请他发电报给上海领事来救护康先生吧。"我这个晚上就住在日本使馆，谭嗣同整天不出门，在家里等着逮捕他的人。结果逮捕的人并没有来，他就在第二天进入日本使馆来和我相见，劝我去日本避难，并且携带了他所著的书和诗文辞稿本数册、家信一箱，托付给我，说："没有出走的人，就没有办法谋划将来的事；没有牺牲的人，就没有办法报答贤明的君主。现在康先生的生死不能预料，程婴、杵臼，月照、西乡这样的角色，就由我和您分别承担吧。"于是我们两人互相拥抱之后就各自分别。初七、八、九三天，谭嗣同又在和侠士们商议救护皇上，事情终于没有成功。初十那

天，他就被捕了。在被捕的前一天，有几位日本志士苦苦劝他去日本，谭嗣同不听。再三劝他，他说："各国变法，没有不经过流血就成功的，现在中国没听说有因变法而流血牺牲的人，这就是中国不富强的原因啊。若有流血牺牲的，就请从谭嗣同开始吧。"他最终没有离开，所以才遭了祸。谭嗣同被囚狱中之后，作了一首诗题写在监狱的墙壁上："望门投宿思张俭，忍死须臾待杜根。我自横刀向天笑，去留肝胆两昆仑。"他大概心里想的是将要远赴日本避灾祸的康有为吧。在八月十三日这天，谭嗣同被害，享年三十三岁。就义时，围观的达万人，谭君慷慨激昂，神情没有丝毫改变。

【义理揭示】

在日本明治维新之后，众多有识之士都把希望寄托在"戊戌新政"上，只是没有料到以慈禧为代表的顽固派势力依然强大。新政被废止，支持变法的皇上也被软禁，提倡变法的精神领袖们纷纷被通缉，对旧军阀和侠士的期待也全都落了空，这一系列的挫败在谭嗣同的心中激起了巨大的波澜，封建势力如此强大，笼罩在中国上空的阴霾如此浓重，自己还能做什么呢？也许只有自己甘愿赴死的决心，才能让普通民众在百般不解中有所震撼，才能让少数人从睡梦中清醒过来。在谭嗣同看来，自己的生命已然属于这个苦难的民族，所以去也好、留也罢，都该无私地把生命投入到促进民族进步的事业中去。

文化倾听

　　古语有言曰，"殷忧启圣，多难兴邦"。意思是经历的深深的忧患，为圣明时代的开启创造了条件；国家多灾多难，在一定条件下，也可以激励人民奋发图强，战胜困难，最终使国家走向强盛。华夏文明的历史有多久，国人和苦难抗争的历史就有多久。而和天灾相比，给人带来更大痛苦的是战祸，朝代更替、外敌入侵、逆臣叛乱，每场浩劫的到来都考验着人们的意志和操守。

　　其实这样的"多难"未必"兴邦"，也没有任何一个民族愿意为了"兴邦"而希望自己的国民经历苦难。但苦难总是与人类在前行路上形影相伴的，不管你愿意不愿意，它就在那里，在某个时间点出现。而你，只能在二者之间做出自己的选择：或因"多难"而沉沦，或乘"多难"而向上攀登。正所谓"疾风知劲草，板荡识诚臣"，那些在国难当头时选择挺身而出的勇者，用自己的脊梁在历史的天空中架起了最美丽的一道彩虹。

　　如出使强国的唐雎，由于他的"匹夫之怒"中挟着弱小国家的尊严，他的行为由鲁莽变成了勇敢。陈蕃和杨业何尝不是如此？七十多岁的陈蕃贵为三公，他不动别人，谁人能奈何得了他。但他看到了宦官掌权给朝廷带来的苦难，看到了国家的日益衰微，所以哪怕只剩下亲兵和门生，他还是要拔刀质问窃取权力的奸臣，为什么要"知其不可而为之"？杨业是最熟悉和辽夏作战的将领，面对强大的敌人，他可以避实就虚、从容应对，但他却无法接受自己人的指责和怀疑，最终只能以死证明。这又有何难！于是就出现了战到

最后一卒，全军覆没的悲壮一幕。卞壶又何尝不是如此？忠于职守的他早就知道在形势不利的情况下不能刺激可能的叛军，但在错误已然无可挽回的时刻，他还是毅然出战，哪怕马革裹尸、战死沙场，哪怕父死子随。

也许有人会想，如果帝王不是一个明君，那这样的牺牲还值不值？我想把这个问题一分为二：君主是否英明是一个问题，而勇赴国难、慷慨牺牲则是另外一个问题。文天祥曾说："父不幸有疾，虽明知不可为，岂有不下药之理？尽吾心焉，不可救，则天命也。"儒家讲"君君，臣臣，父父，子子"，君主最好能成为一代圣君，但在封建时代，这显然不是民众个人能决定的，所以更重要的是遵从自己内心的准则。况且，我们也不能站在当今时代的高度去过分苛求历史人物，否则难免会掉进"事后诸葛亮"的窠臼之中，甚至会降低一些脊梁性民族英雄在国家危难之际所起的鼓舞和领导作用。

面对叛乱，张巡和他的部将们血染沙场，坚贞不屈；县令李侃之妻凭借着勇气和智慧赢得了上天的眷顾，帮助丈夫保全了城池。幸运也好、不幸也罢，他们的行为与闻风丧胆、怯懦投降之人形成了鲜明的对比，高下立判。面对外敌的入侵，祖逖没有如以王、谢为代表的贵族一般，只求获得偏居江南的安逸，而是率部渡过长江，主动投身于收复失地的艰难大业中。鸦片战争、中日甲午海战，从结果看，都是令中华蒙羞的战役，但也有太多的如邓世昌一样，有名或者无名的英雄战死在自己的阵地上。他们不是没有机会求生，但"所欲有甚于生者"，故绝不会做出苟且偷生的选择。武将如此，文人何尝不是如此？谢枋得和文天祥堪称"双杰"，文天祥一直通过作战以求力挽狂澜，直到战败被俘。从多次组织抗元的史实看，谢枋当真是一个不懂打仗的书生，但他屡次拒绝为元出仕——隐姓埋名、逃居山林、委婉拒绝、严词拒绝、怒骂拒绝、绝食拒绝等各种方法全都用尽，最终以死保全了自己的名节。

谭嗣同在《狱中题壁》里写得好，"去留肝胆两昆仑"，这个单元里所有的赴国难者的精神都如昆仑山一样高大壮丽，他们共同撑起了华夏的湛蓝天空。一方面他们实现了自己的生命价值，另一方面也正是因为他们的存在，中华民族才能在一次次苦难过后又一次次地挺直腰身，大踏步地向前。

文化传递

在上海市的西北方向有一所远近闻名的重点中学——晋元高级中学，而远在广东省的蕉岭县也有一所晋元中学，这两所中学同名并非巧合，都是为了纪念在抗日战争中勇赴国难的爱国将领——谢晋元。

谢晋元，广东蕉岭县人，自幼用功读书，后来到广州参加革命，是黄埔军校第四期学员。1938 年 8 月 13 日淞沪会战爆发时，他任八十八师中校参谋。随着战事的深入，日军不断调集重兵进攻上海，而国民党也先后调集七十万的军队展开了顽强的抵抗。然而在失去制海权、制空权之后，装备落后的中国军队逐渐陷于被动之中，先后失去了罗店和大场两个战略要地。当又一支增援的日军从金山登陆包抄过来后，国军开始全面撤退。为了掩护大部队安全转移，国民党统帅部命令谢晋元率八十八师五二四团第一营坚守四行仓库。

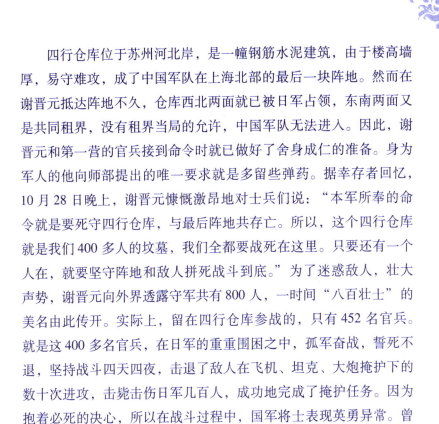

　　四行仓库位于苏州河北岸，是一幢钢筋水泥建筑，由于楼高墙厚，易守难攻，成了中国军队在上海北部的最后一块阵地。然而在谢晋元抵达阵地不久，仓库西北两面就已被日军占领，东南两面又是共同租界，没有租界当局的允许，中国军队无法进入。因此，谢晋元和第一营的官兵接到命令时就已做好了舍身成仁的准备。身为军人的他向师部提出的唯一要求就是多留些弹药。据幸存者回忆，10 月 28 日晚上，谢晋元慷慨激昂地对士兵们说："本军所奉的命令就是要死守四行仓库，与最后阵地共存亡。所以，这个四行仓库就是我们 400 多人的坟墓，我们全都要战死在这里。只要还有一个人在，就要坚守阵地和敌人拼死战斗到底。"为了迷惑敌人，壮大声势，谢晋元向外界透露守军共有 800 人，一时间"八百壮士"的美名由此传开。实际上，留在四行仓库参战的，只有 452 名官兵。就是这 400 多名官兵，在日军的重重围困之中，孤军奋战，誓死不退，坚持战斗四天四夜，击退了敌人在飞机、坦克、大炮掩护下的数十次进攻，击毙击伤日军几百人，成功地完成了掩护任务。因为抱着必死的决心，所以在战斗过程中，国军将士表现英勇异常。曾有一队日军躲进了一个射击死角准备进攻，危急时刻，国军一位士兵身绑数枚手榴弹，手里又抱着一枚迫击炮弹，从高处跳入日军人群中，与敌人同归于尽。谢晋元更是在不同的防区不停奔走，根据敌情随时调整部署，鼓励将士们英勇杀敌。

　　八百壮士孤军奋战的情况，租界里的华人看得一清二楚，许多民众聚集在苏州河南岸，为"八百壮士"呐喊助威，甚至还把日军的动向偷偷告诉给守卫的士兵。28 日午夜，杨慧敏把一面青天白日旗裹在身上，冒着生命危险，越过火线，献给"八百壮士"。谢晋元激动地说："勇敢的同志，你给我们送来的不仅是一面崇高的国旗，而是我们中华民族誓死不屈的坚毅精神！"到了凌晨，在"八百壮士"敬礼的号声中，这面国旗在仓库大楼顶上高高升起。

八百壮士誓死驻守阵地的英雄精神，不但感染了租界里的人们，更唤醒了国人的麻木灵魂，一时间神州大地，热血沸腾。

"中国不会亡！中国不会亡！

你看那民族英雄谢团长。

中国不会亡！中国不会亡！

你看那八百壮士孤军奋守东战场……"

这首由桂涛声作词、夏知秋作曲的《八百壮士歌》迅速传遍了大江南北，中国人的民族精神空前地凝聚在团结抗日这面大旗之下，让原以为中国军队不堪一击的欧美各国也为之震惊。

淞沪会战虽然以中国军队退出上海而告终，但日本人狂妄的"三个月内灭亡中国的图谋"却也在顽强的中国军人面前化为了泡影。而且由于日本的国力有限，无法让其长时间应对漫长的战线，所以进入相持阶段的日本早已注定了是战败的命运。

2015 年 8 月 13 日，是淞沪会战爆发 78 周年的纪念日。经过精心修缮，修就如旧的四行仓库纪念馆选在这一天重新向人们开放，墙壁上依然留着的那数不清的弹孔，继续向来参观的人们讲述着那段难忘的英雄传奇。

文化感悟

1. 本单元的故事多和动荡的时代相关，那么在和平年代里提倡"勇赴国难"有什么特别的意义？

2．结合本单元内容，简要阐述"勇敢"与"鲁莽"的区别。

3．乾隆在位时曾大力表彰明末清初因抗清遇难的明朝官员，并且在上谕中把降清的明朝官员均称为"贰臣"，下令编纂《贰臣传》。请谈谈你对此的看法。

第三章　恪尽职守

文化典籍

一　召公①甘棠遗爱

【原文选读】

（一）

　　召公之治西方，甚得兆民②和。召公巡行乡邑，有棠树，决狱政事其下，自侯伯③至庶人，各得其所，无失职者。召公卒，而民人思召公之政，怀棠树，不敢伐，哥咏之，作《甘棠》之诗。

（选自西汉·司马迁《史记·燕召公世家》）

（二）

甘　棠

　　蔽芾④甘棠，勿翦⑤勿伐，召伯所茇⑥。

　　蔽芾甘棠，勿翦勿败⑦，召伯所憩。

　　蔽芾甘棠，勿翦勿拜⑧，召伯所说⑨。

（选自《国风·召南》）

注释：

①召（shào）公：西周著名辅政大臣。姬姓，又称召伯。

②兆民：古称天子之民，后泛指百姓。

③侯伯：泛指诸侯贵族。

④蔽芾（fú）：树木高大茂密，遮风蔽日。芾，茂盛的样子。

⑤勿翦：不要乱修剪。翦，通"剪"。

⑥茇（bá）：本指草舍，此处意为居住。

⑦败：砍伐。

⑧拜：屈、折。

⑨说（shuì）：通"税"，休息。

【文意疏通】

（一）

　　召公是西周的著名贤臣。他负责管理西部诸侯，经常到辖区巡视，宣扬朝廷的德政。他巡行各地时，不要老百姓为他盖房子，而是在路边的甘棠树下搭个草棚办公、过夜。他为百姓解决了很多生产、生活中的难题，因此上到诸侯，下至庶民百姓，无不佩服有加。相传召伯死后，老百姓很怀念他，对甘棠树都不忍伤害，后来便有人创作了《诗经》中的那首《甘棠》。再后来，"甘棠遗爱"就成了一个成语，特指对离去之人的怀念，或赞颂离去官员的政绩。

（二）

　　郁郁葱葱甘棠树，不剪不砍细养护，曾是召伯居住处。

　　郁郁葱葱甘棠树，不剪不毁细养护，曾是召伯休息处。

　　郁郁葱葱甘棠树，不剪不折细养护，曾是召伯停歇处。

【义理揭示】

召公听讼甘棠树下的故事流播广远。召伯南巡，所到之处不占用民房，只在甘棠树下停车驻马、听讼决狱、搭棚过夜，这种体恤百姓疾苦、不搅扰民生，还为民众排忧解难的官员，永远活在人民的心中。

二 臧文仲如齐告籴①

【原文选读】

鲁饥，臧文仲言于庄公曰："夫为四邻之援，结诸侯之信，重之以婚姻，申之以盟誓，固国之艰急是为②。铸名器，藏宝财，固民之殄病是待③。今国病矣，君盍④以名器请籴于齐？"公曰："谁使？"对曰："国有饥馑，卿出告籴，古之制也。辰⑤也备卿，辰请如齐。"公使往。

从者曰："君不命吾子，吾子请之，其为选事乎？"文仲曰："贤者急病⑥而让夷，居官者当事不避难，在位者恤民之患，是以国家无违⑦。今我不如齐，非急病也。在上不恤下，居官而惰，非事君也。"

文仲以鬯圭⑧与玉磬如齐告籴，曰："天灾流行，戾⑨于弊邑，饥馑荐降⑩，民羸⑪几卒，大惧乏周公、太公之命祀，职贡业事之不共而获戾⑫。不腆⑬先君之币器，敢告滞积，以纾执事⑭，以救弊邑，使能共职。岂惟寡君与二三臣实受君赐，其周公、太公及百辟神祇⑮实永饗而赖之！"齐人归其玉而予之籴。

（选自春秋·左丘明《国语·鲁语》）

注释：

①籴（dí）：买入粮食。

②国之艰急是为：为了应对国家的困难和紧急情况。是，宾语前置的标志。

③民之殄（tiǎn）病是待：等待应对百姓的困苦。殄，病苦。

④盍：谦词，何不。

⑤辰：臧文仲，名辰。

⑥急病：以国家的困苦为急事。

⑦无违：不会出现违反礼法、天道的事。

⑧鬯（chàng）圭：祭祀用的香酒和玉质礼器。

⑨戾（lì）：到。

⑩荐降：屡次降临。荐，屡次，频。

⑪嬴（léi）：瘦弱。

⑫"大惧乏……而获戾"两句：非常担心因无法保证对周公和太公的祭祀、对王室贡品的供给而获罪。周公，鲁国始祖。太公，齐国始祖。共，通"供"。戾，罪过。

⑬不腆：不丰厚。自谦之词。

⑭以纾执事：用来解除贵国管粮人的负担。纾，解除。

⑮百辟（bì）神祇（qí）：历代君主和天地间的神。辟，君主。祇，地神。

【文意疏通】

  鲁国发生饥荒，大夫臧文仲对鲁庄公说："与邻国结好，取得诸侯的信任，用婚姻关系来加强它，以盟约誓言来巩固它，就是为了应对国家的急难。铸造钟鼎宝器，贮藏珠玉财物，就是为了救助百姓的困苦。现在国家遇到了困难，国君为何不用这些钟鼎宝器向齐国要求购买粮食呢?"庄公说:"好的,可是派谁前去呢?"臧文仲回答说:"国家遇到饥荒,由卿大夫外出求购粮食,这是自古以来的制度。既然我充列卿位,那就请派我去齐国吧。"于是庄公派臧文仲赴齐请求购米。

臧文仲的侍从对主人说:"国君没有指派你,你却主动要求,这不是自己挑选喜欢的差事去干吗?"文仲说:"贤明的臣子应该争着承担危难的工作而谦让容易的事务,为官者应该敢于做事情而不逃避困难,在高位者应该体恤百姓的忧患,这样国家才能安定。现在我不去齐国,就算不上是争着承担危难了。如果身处高位的人而不体恤百姓,明明当了官而又懒于理事,这可不是侍奉国君该做的事。"

臧文仲来到齐国后,用邲圭和玉磬向齐国求购粮食,说:"天灾流行,殃及了我的国家,饥荒降临到人民中间,百姓们瘠瘦羸弱得快要死了。我们国家对周公、太公的祭祀已经无法保证,献给周天子的贡品也难以操办,我们国君很担心因此而获罪。所以不敢再珍惜先君的宝器,请求交换贵国积余的陈粮。这既可减轻贵国管粮人的负担,也可解救我们国家的饥荒,使我们能继续担当向周王室朝贡的职责。如果能得到您的许可,不但我们的国君和臣子能领受到贵国国君的恩惠,就是我们两个国家的先祖——周公、太公,以及天地间所有神灵也都可以依靠着贵国的恩惠而继续得到祭祀。"齐人觉得他说的在理,于是把粮食借给了鲁国,而且还退还了送来的宝器。

【义理揭示】

无论古今,做一个官员确实都不是一件容易的事,更不用说要

做一个出色的官员。特别是面对工作中的困难，退一步自可以无过，明哲保身；主动承担责任，当然也就会面对难题，甚至也许会有失败的风险。正因为如此，臧文仲的那句"贤者急病而让夷，居官者当事不避难"，才显得特别可贵。相反，"不作为"对于自身来说虽然暂时可以保持无祸，但却也丧失了为官者的基本操守。

三　韩厥为人不党

【原文选读】

赵宣子[①]言韩献子[②]于晋侯曰："其为人不党[③]，治众不乱，临死不恐。"晋侯以为中军尉。河曲之役[④]，赵宣子之车干行[⑤]，韩献子戮其仆。人皆曰："韩献子必死矣，其主朝升之[⑥]，而暮戮其仆，谁能待[⑦]之?"役罢，赵宣子觞大夫，爵三行，曰："二三子可以贺我。"二三子对曰："不知所贺。"宣子曰："我言韩厥于君，言之而不当，必受其刑。今吾车失次[⑧]而戮之仆，可谓不党矣。是吾言当也。"二三子再拜稽首曰："不惟晋国适享之[⑨]，乃唐叔是赖之[⑩]，敢不再拜稽首乎?"

（选自西汉·刘向《说苑·至公》）

注释：

①赵宣子：赵盾，晋国大夫，曾任中军主帅，后为相国。

②韩献子：韩厥，卒后谥号"献"，故称韩献子。

③党：偏私。

④河曲之役：晋、秦两国在河曲交战。

⑤干行：冲犯军队的行列。干，冲犯，干扰。

⑥朝升之：早上提拔他。

⑦待：容忍。

⑧失次：乱了次序。

⑨不惟晋国适享之：不仅晋国能安享这个福分。

⑩乃唐叔是赖之：就是先祖唐叔也要倚重您这样的人。唐叔，晋国的始祖姬虞。

【文意疏通】

赵宣子是晋国重臣，他当面向晋侯推荐韩献子说："他做人不偏私，治理众人不紊乱，面临死亡不恐慌。"于是晋侯就任命韩献子做中军尉。在河曲之战中，赵宣子的车骑冲犯了军队的行列，韩献子杀了他的仆人。人们都说："韩献子这下必死无疑了，他的主子早上提拔了他，而他晚上就杀了主子的仆人，谁能容忍这样的事呢？"战争结束后，赵宣子请文武官员喝酒，祝酒三次之后，说："你们几个人可以祝贺我了。"手下人回答说："不知道祝贺您什么。"赵宣子说："我在晋侯面前推荐韩厥，如果推荐得不恰当，一定会受刑罚。现在我的车子乱了次序而韩厥杀了我的仆人，他这样做可以说是不偏私了，这说明我推荐得很恰当啊！"文武百官们听后拜了两拜，屈膝下跪叩头至地说："你说得太好了，不仅晋国能安享这个福分，就是先祖唐叔也要倚重您这样的人，我们怎敢不再行大礼来表示祝贺呢？"

【义理揭示】

本文选自《说苑·至公》，"至公"，即大公无私。这则故事里

的两位主人公在履行自身的职责方面都算得上大公无私。赵宣子身为重臣推贤举能，不但知人善任，而且不计私仇、不结私党；韩献之因赵宣子的车冲撞了军队的行列而杀了赵的车夫，以实际行动证明他"为人不党"，也是出色地完成了自己的使命。所以众人才说，有他们两人在，晋国可以安然无恙了。

四 赵奢铁面无私

【原文选读】

　　赵奢者，赵之田部吏①也。收租税而平原君②家不肯出租，奢以法治之，杀平原君用事者③九人。平原君怒，将杀奢。奢因说曰："君于赵为贵公子，今纵④君家而不奉公则法削⑤，法削则国弱，国弱则诸侯加兵，诸侯加兵是无赵也，君安得有此富乎？以君之贵，奉公如法⑥则上下平，上下平则国强，国强则赵固，而君为贵戚，岂轻于天下⑦邪？"平原君以为贤，言之于王。王用之治国赋⑧，国赋大平⑨，民富而府库实。

（选自西汉·司马迁《史记·廉颇蔺相如列传》）

注释：

　　①田部吏：负责征收田地租税的官吏。

　　②平原君：赵胜，战国四公子之一，赵武灵王之子，惠文王之弟。

　　③用事者：管事人员。

　　④纵：放纵。

　　⑤法削：国家的法律被削弱。

⑥奉公如法：依照法律办事。

⑦轻于天下：被天下人轻视。

⑧治国赋：管理国家税收事务。治，管理。

⑨大平：非常公平合理。

【文意疏通】

赵奢原本是赵国负责征收田租的官吏。在收租税的时候，贵为国君弟弟的平原君赵胜家却不肯缴纳，赵奢依法处治，杀了平原君家九个管事的人。平原君大怒，非要杀死赵奢。赵奢趁机劝说道："您在赵国是贵公子，现在要是纵容您的家臣不遵奉公家的法令，就会使法令削弱，法令削弱了就会使国家衰弱，国家衰弱了诸侯就要出兵侵犯，诸侯出兵侵犯赵国就会灭亡，您还怎能拥有这些财富呢？凭借您的尊贵地位，能奉公守法就会使国家上下公平，上下公平就能使国家强盛，国家强盛了赵氏的政权就会稳固，而您身为赵国贵戚，难道还会被天下人轻视吗？"平原君听了之后认为他很有才干，把他推荐给赵王。赵王任用他掌管全国的赋税，此后全国赋税的征收就非常公平合理，民众生活富足，国库财物充实。

【义理揭示】

赵奢的故事夹在廉颇和蔺相如两个人的合传里，着墨虽不多，却很见人物风采。一方面赵奢作为替国家收田租的官员，地位并不高，就算是完成了任务，也是为诸侯贵族服务；另一方面不肯配合工作的正是同样身为贵族的国君弟弟。这样的工作实在是太难了。然而赵奢没有害怕，更没有利用这样的机会，巴结讨好权势重名望高的平原君，而是依法办事，毫不留情。面对平原君发出的死亡威胁，他的

解释又是那么的镇定从容，那么的入情入理，既让贵族遵守了法度，又让自己赢得了更多的信任，真可谓尽忠职守，有胆有识。

五 苏章公私分明

【原文选读】

苏章，字孺文，少博学，能属文①。安帝时，举贤良方正，对策高第②，为议郎。数陈得失，其言甚直。出为武原令，时岁饥，辄开仓廪，活三千余户。顺帝时，迁冀州刺史。

故人为清河太守，章行部案其奸臧③。乃请太守，为设酒肴，陈平生之好甚欢。太守喜曰："人皆有一天，我独有二天④。"章曰："今夕苏孺文与故人饮者，私恩⑤也；明日冀州刺史案事者，公法也。"遂举正其罪⑥。州境知章无私，望风畏肃。

（选自南朝宋·范晔《后汉书·苏章传》）

注释：

①属文：撰写文章。

②对策高第：应对的策论文章非常出色。高第，在考核中成绩优秀。

③行部案其奸臧：在地方巡视时调查他的受贿问题。行部，巡察。案，调查。奸臧，即奸脏，不法受贿。

④人皆有一天，我独有二天：这里的二天指苏章也是他的"一天"，可以帮助他。

⑤私恩：个人感情。

⑥举正其罪：列举其罪而正之以法。

【文意疏通】

苏章，字孺文，从小就博览群书，能写文章。安帝在位的时候，朝廷荐举贤良方正有学识的人，苏章应对得当，策论高妙，得以任用，担任议郎这一职务。他在皇帝面前几次议论政策得失，发表的言论切中时弊，群臣都认为他十分正直。不久外放做了武原县令，当年发生灾害，苏章立刻打开官仓赈灾，救活了三千多户人家。

顺帝在位的时候，苏章升职担任了冀州刺史。苏章有个老朋友担任清河太守，苏章接受任务查证老友的腐败问题。他宴请老朋友，席间向清河太守陈述了二人平生的深厚情谊。太守以为他会帮自己掩盖罪行，于是高兴地说："别人都只有两个天，唯独我有二个天。"意思是苏章也是他的保护伞。苏章却说："今日我与你故人叙旧，是私人关系；明日我是冀州刺史，要依法办案。"第二天公堂之上遂将老友拿下，依律治罪。于是冀州境内都知道苏章是个刚正无私的人，纷纷对其表示敬佩。

【义理揭示】

关于法律与人情，历来有两种说法：一是"法律不外乎人情"，二是"法不容情"。前者意在说明法律的制定是基于人们的社会生活方式，这是立法的规则。但生活中总有人把这句话庸俗地理解为执行法律的规则，于是为了各种人际关系而"法外开恩"的现象就屡见不鲜。其实在执行层面，法律的刚性容不得人情的偏私，"法不容情"才是执法者恪尽职守的基本原则，哪怕犯法的那个人是自己的至交。

苏章处理此案时严格区分了法律和人情，喝酒讲人情，办案讲

法律，让老朋友心服口服，无话可讲，可谓是公私两不误的典范。

六 国渊不以为功

【原文选读】

国渊，字子尼，乐安盖人也。师事郑玄。后与邴原、管宁等避乱辽东。既还旧土，太祖辟为司空掾属①，每于公朝论议，常直言正色，退②无私焉。太祖欲广置屯田，使渊典③其事。渊屡陈损益，相土处民④，计民置⑤吏，明功课之法⑥，五年中仓廪丰实，百姓竞劝乐业。

太祖征关中，以渊为居府长史，统留事⑦。田银、苏伯反河间，银等既破，后有余党，皆应伏法⑧。渊以为非首恶，请不行刑。太祖从之，赖渊得生者千余人。破贼文书，旧以一为十⑨，及渊上首级，如其实数⑩。太祖问其故，渊曰：“夫征讨外寇，多其斩获之数者，欲以大武功⑪，且示民听也。河间在封域之内⑫，银等叛逆，虽克捷有功，渊窃耻之。”太祖大悦，迁魏郡太守。

（选自西晋·陈寿《三国志·魏书十一》）

注释：

①掾属：官名。

②退：离开朝堂。

③典：掌管。

④相土处民：考察土地，安置民众。相，考察。处，安排。

⑤置：设置，安排。

⑥明功课之法：明确官员考核的办法。明，使动用法。功课，古代工作成绩的考核。

⑦统留事：统筹安排留守事宜。

⑧伏法：依法被处死刑。

⑨旧以一为十：按旧例夸大人数，把一人当十人来计算。

⑩实数：实际数字。

⑪大武功：夸大战果。

⑫河间在封域之内：河间在我们管辖的范围之内。

【文意疏通】

三国时期的国渊，字子尼，是乐安郡盖县人。他曾拜东汉大儒郑玄为师，得到老师的称赞。后来中原一带战乱频繁，国渊就随邴原、管宁等人在辽东一边避乱一边学习。回到中原以后，他受曹操征召，任司空掾属；每当在公堂上议论政事时，他总是正色直言，言无不尽，退堂后再无私议。曹操想要大规模兴办屯田，让国渊主管这项事务。国渊屡次陈述应当减少和增加的项目，亲自去考察土地，根据土地多少安置民众，再根据百姓数量，合理设置官吏人数，并且明确对于官员考核的办法。在五年的时间里，就使得粮仓丰实，百姓竞相勉励，乐于从事屯田工作。

曹操征讨关中之时，让国渊任居府长史，总管留守的后方事宜。不久，田银、苏伯在河间谋反，田银等人被打败后，余党人数不少，按律都当处死。然而国渊认为这些人不是首恶分子，请求不对他们执行死刑。曹操听从了他的意见，依仗国渊这个建议得到活命的，有一千多人。按照惯例，记录战胜贼兵的文书往往要夸大，一人记成十人。等到了国渊上报斩杀首级数量的时候，实有多少就

报多少。曹操询问原因，国渊说："征讨境外敌寇时，多报斩首和捕获敌兵数量，是为了要夸大战绩，显示威力给百姓看。而河间在我国境内，田银等人叛逆，虽然我们制胜有功，但我私下里仍为这事感到耻辱。"曹操听了非常高兴，提拔国渊做了魏郡太守。

【义理揭示】

国渊是曹魏政权所倚重的大臣，从选文来看，他虽非东征西讨的将军，却以其细致的工作、敦厚的仁心，帮助曹操巩固了后方基地。从长远来看，战争的成败总与综合国力直接相关，屯田制的实施使得曹操逐渐拥有了最为强大的军事实力，而国渊作为屯田事务的总负责人，是功不可没的。国渊的忠于职守还体现在他对职责的清醒认识：如果境内出现叛逆者，自然说明自己的工作做得还不够好，所以他才本着对事业高度的责任感，不以战胜为功，而以工作没有做好为耻。

七 柳宗元论官吏职责

【原文选读】

河东①薛存义将行，柳子载肉于俎，崇酒于觞②，追而送之江之浒③，饮食之。

且告曰："凡吏于土者，若④知其职乎？盖民之役，非以役民而已也。凡民之食于土者，出其什一佣乎吏，使司平⑤于我也。今我受其值怠其事⑥者，天下皆然。岂惟怠之，又从而盗之。向使⑦佣一夫于家，受若值，怠若事，又盗若货器，则必甚怒而黜罚⑧之矣。以今天下多类此，而民莫敢肆其怒与黜罚者，何哉？势不同也。势不同而理同，如吾民何？有达于理者⑨，得不恐而畏乎！"

存义假令⑩零陵二年矣。早作而夜思，勤力而劳心，讼者平，赋者均，老弱无怀诈暴憎，其为不虚取值也的⑪矣，其知恐而畏也审⑫矣。

吾贱且辱，不得与考绩幽明⑬之说；于其往也，故赏以酒肉而重之以辞。

（选自唐·柳宗元《送薛存义之任·序》）

注释：

①河东：地名，柳宗元与薛存义都是山西河东人。

②载肉于俎（zǔ），崇酒于觞：在容器里装上肉，在杯子里倒满酒。

③浒：水边。

④若：你。

⑤司平：主持公平，掌管事务。

⑥受其值怠其事：接受他们的财物，却怠慢他们的事情。

⑦向使：假使。

⑧黜罚：贬斥，惩罚。

⑨达于理者：懂得这个道理的人。

⑩假令：代理县令。

⑪其为不虚取值也的：他确实没有白拿俸禄。的，确实。

⑫审：清楚，明白。

⑬考绩幽明：谓考核官吏优劣以定其升降。

【文意疏通】

河东人薛存义将要离开这里去赴任了，我在盆里盛上肉，在酒

杯里倒满酒，追着薛存义来到河边，请他喝酒吃肉为他送行。

并且告诉薛存义说："你知道作为地方官员的职责吗？他们应该是百姓的仆役，而不是奴役百姓的人。凡是靠种地生活的人，拿出他们收入的十分之一来雇佣官吏，目的是要官吏帮他们主持公道，管理事务。可现在的官吏拿了百姓的钱，而不好好给百姓办事，普天之下到处都是这样。他们哪里只是不好好办事，而且还要贪污、敲诈百姓的财物。假如在家里雇一个仆人，他接受了你的报酬，却不好好为你干活，而且还盗窃你的财物，那么你必然会很恼怒，要赶走他，处罚他。现在的官吏大多如此，而百姓却不敢像对待怠工又偷东西的仆人那样，尽情发泄自己的愤怒和驱逐责罚他们，这是什么原因呢？这是因为民与官同主与仆的情况和地位不同啊。虽然情况和地位不同，但道理都是一样的，所以请你想想，究竟应该怎样对待我们的百姓呢？懂得这个道理的人，能不感到害怕而有所警惕吗！"

薛存义代理零陵县令已有两年了。在这期间，他清晨就起来办理公务，直到夜里还在考虑工作问题，勤勤恳恳，尽心竭力。他使打官司的人都得到公平处理；使纳税的人得到公允的负担。百姓们无论老少从不心怀欺诈，脸上也没有流露出憎恨的神情，证明了他确实没有白拿百姓的钱啊，他懂得不好好给百姓办事还要敲诈百姓财物这种行为的可怕，而且有所警惕的。

我现在是受贬谪、地位低下的人，没有资格参与考核官吏政绩的优劣而提出应该升降的意见；因此，当薛存义将要离开的时候，我特意为他饯行，并且写了这篇序赠送给他。

【义理揭示】

这篇文章最可贵的就是作者认为官吏应当是"民之役"而非"役民"之人，这与当代用"公仆"来称呼公务员是多么的相似！在等级观念森严、贫富差距也越来越大的中唐，柳宗元的认识显然超越了他所处的时代。在同乡即将赴任之际，他用这番话警醒朋友也警醒了世上所有的大小官员，切莫忘记自己的职责。

八 孙奭①两驳天书

【原文选读】

孙奭，字宗古，博州博平人。幼与诸生师里中②王彻，彻死，有从奭问经者，奭为解析微指③，人人惊服，于是门人数百皆从奭。

奭以经术进④，守道自处，即有所言，未尝阿附取悦。大中祥符初，得天书⑤于左承天门，帝将奉迎，召宰相对崇政殿西庑。王旦等曰："天贶⑥符命，实盛德之应⑦。"皆再拜称万岁。又召问奭，奭对曰："臣愚，所闻'天何言哉⑧'，岂有书也?"

天禧中，朱能献《乾祐天书》。复上疏曰："朱能者，奸憸⑨小人，妄言祥瑞，而陛下崇信之，屈至尊以迎拜，归秘殿以奉膊⑩，上自朝廷，下及闾巷，靡不痛心疾首，反唇腹非⑪，而无敢言者。昔汉文成将军以帛书饭牛，既而言牛腹中有奇书，杀视得书，天子识其手迹⑫。又有五利将军妄言，方多不仇⑬，二人皆坐诛。先帝时有侯莫陈利用⑭者，以方术暴得宠用，一旦发其奸，诛于郑州。"

未几，能果败。

（选自元·脱脱《宋史·孙奭传》）

注释：

①孙奭（shì）：北宋经学家。

②里中：乡里。

③微指：精深微妙的意旨。指，通"旨"。

④进：晋升，进升官职。

⑤天书：假托天神所赐之书。

⑥贶（kuàng）：赐。

⑦实盛德之应：确实是（由于天子）盛大的德行的回应。

⑧天何言哉：上天说了什么呢？语出《论语·阳货》，意思是上天没有说话，四时照样运行。

⑨憸（xiān）：奸邪。

⑩奉膊：供奉。

⑪反唇腹非：口里不言，心中不服。腹非，通"腹诽"。

⑫识其手迹：认出是文成将军的笔迹。

⑬方多不仇（qiú）：他的方术大多没有效用。仇，通"雠"，匹配。

⑭莫陈利用：没能阐述对事或人有用的策略。

【文意疏通】

孙奭，字宗古，是博州博平人。他在小的时候和同学者一起师从同乡人王彻，王彻死后，有人向孙奭询问儒家经典中的问题，孙奭为他剖析了书中的精妙大义，结果人人都惊讶叹服，从此门下的几百人都跟随孙奭学习了。

孙奭是凭借学问而进身的，做官之后也一直坚守着儒家之道，谨言慎行，就算要说话，也不曾靠着阿谀奉承来博取上级的欢心。大中祥符初年的时候，有人说在左承天门得到了一封天书。真宗皇

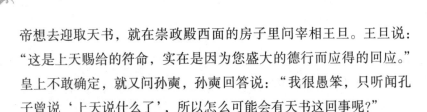

帝想去迎取天书，就在崇政殿西面的房子里问宰相王旦。王旦说："这是上天赐给的符命，实在是因为您盛大的德行而应得的回应。"皇上不敢确定，就又问孙奭，孙奭回答说："我很愚笨，只听闻孔子曾说'上天说什么了'，所以怎么可能会有天书这回事呢？"

天禧年间，朱能又献上了一封《乾祐天书》。孙奭再次上书进谏说："朱能是一个奸险小人，胡乱谈论吉祥的征兆之事，然而陛下竟然尊崇而且相信他，委屈您最为尊贵的身份前去叩拜迎接，带回后宫供奉，上至朝廷众臣，下至黎民百姓，无不为此痛心疾首，心中不服嘴上不说，没有人敢进言。从前汉代有个文成将军，他先把帛书让牛吞进腹中。然后就说牛腹中有奇书，杀死牛一看，果然找到奇书，大家信以为真，唯独天子不信，认出了是文成将军的手迹。又有一个五利将军胡言乱语，结果他所言的方术都没有应验，这两个人都犯法被杀。先帝时有位侯爷不是陈述治国管理百姓的方法，而是凭借法术在很短时间内就得到了恩宠，后来一旦发现了他的奸计，就在郑州处死。"

这份奏折呈上后不久，朱能的阴谋果然被识破了。

【义理揭示】

孙奭是个经学家，学养深厚，自然懂得"天书"之说的荒谬。但以王旦为代表的诸大臣也不是无知识的人，可是他们非但不敢说破，还要加以祝贺，就因为一旦说破怕被误解认为皇帝不够贤德，所以只能帮着皇帝错上加错。因此不难看出，恪尽职守不但要正直，也要有见识，还要有足够的勇气，才能真正坚守为儒者和为人臣的原则。

九　青文胜为民请命

【原文选读】

　　青文胜，字质夫，夔州人。仕为龙阳典史①。龙阳濒洞庭②，岁罹③水患，逋赋④数十万，敲扑⑤死者相踵。文胜慨然诣阙⑥上疏，为民请命。再上⑦，皆不报⑧。叹曰："何面目归见父老！"复具疏，击登闻鼓以进，遂自经⑨于鼓下。帝闻大惊，悯其为民杀身，诏宽龙阳租二万四千余石，定为额。邑人建祠祀之。妻子贫不能归⑩，养以公田百亩。万历十四年诏有司春秋致祭，名其祠曰"惠烈"。

（选自清·张廷玉《明史·青文胜传》）

注释：

　　①为龙阳典史：做湖南境内龙阳县的典史一职。典史，县令的属官。

　　②濒洞庭：在洞庭湖边。濒，临近，靠近。

　　③罹：遭受。

　　④逋赋：拖欠赋税。

　　⑤敲扑：鞭打的刑具，短曰敲，长曰扑。此指受敲打鞭笞。

　　⑥诣阙：到京城，朝廷所在处。

　　⑦再上：两次上书。

　　⑧报：答复。

　　⑨自经：上吊自杀。

　　⑩归：返乡。

【文意疏通】

　　青文胜，字质夫，是夔州人。明朝洪武年间，由贡生起做了龙阳县令的属官。当时龙阳县在洞庭湖边，年年都受洪水之苦。又由于朝廷的苛政重赋，欠下应缴纳的赋税数十万之巨，为了追缴税款，遭受刑罚而死的人连续不断。青文胜见后痛心疾首，冒越级呈上诉状之罪名，到京城直接向朝廷上疏，为民请命。由于人微言轻，结果两次上疏，均石沉大海，未见回复。他感叹道："不能把百姓的苦难上报，还有什么脸面回去见家乡父老呢！"于是他又准备好文书，敲响了殿前的登闻鼓上疏，并在鼓下自缢而死。皇帝听说之后极为震惊，感念青文胜为民献身，下令核减龙阳县的赋税二万四千多石，并且固定下来。龙阳县百姓感恩戴德，在城东建起祠堂纪念他。他的妻子儿女由于贫困不能回归自己的故乡，就划出公田一百亩供养他的家人。万历十四年的时候，皇帝又下令当地官员春秋两季祭祀，为青文胜的祠堂命名为"惠烈"。

【义理揭示】

青文胜不是有机会向帝王当面陈情的京官，也不是要对龙阳县负责的"第一责任人"，他只是个贡生出身的县令属官，但他却同样怀有经世济民的政治理想，并且深深懂得官员身上肩负的重任。因此为了让本地的百姓减轻苦难，他甘愿以身殉职，从而让天子和那些朝廷重臣们认识到自己的失职。后人评价他说，"官不在卑，能称以职"，如果官员们都能像他这样把民生疾苦当作是自己最重要的工作，想百姓之所想，急百姓之所急，那也一定会在人们的心中留下一座不朽的丰碑。

十 海瑞冒死上疏

【原文选读】

陆光祖为文选，擢瑞户部主事。时世宗享国日久，不亲朝，深居西苑，专意斋醮①。督抚大吏争上符瑞②，礼官辄表贺。廷臣自杨最、杨爵得罪后，无敢言时政者。四十五年二月，瑞独上疏曰：

"迩者③严嵩罢相，世蕃极刑，一时差快人意。然嵩罢之后，犹嵩未相之前而已，世非甚清明也，不及汉文帝远甚。盖天下之人不直④陛下久矣。古者人君有过，赖臣工匡弼⑤。今乃修斋建醮，相率进香，仙桃天药，同辞表贺。建宫筑室，则将作竭力经营；购香市宝，则度支差求⑥四出。陛下误举之，而诸臣误顺之，无一人肯为陛下正言者，诙之甚也。然愧心馁气⑦，退有后言，欺君之罪何如！

"且陛下之误多矣，其大端⑧在于斋醮。斋醮所以求长生也。自古圣贤垂训，修身立命曰'顺受其正'⑨矣，未闻有所谓长生之说。尧、舜、禹、汤、文、武，圣之盛也，未能久世，下之亦未见方外士自汉、唐、宋至今存者。陛下受术于陶仲文，以师称之。仲文则既死矣，彼不长生，而陛下何独求之？至于仙桃天药，怪妄⑩尤甚。桃必采而后得，药必制而后成。今无故获此二物，是有足而行耶？曰'天赐'者，有手执而付之耶⑪？此左右奸人，造为妄诞以欺陛下，而陛下误信之，以为实然，过矣。"

帝得疏，大怒，抵之地，顾左右曰："趣执之⑫，无使得遁！"宦官黄锦在侧曰："此人素有痴名。闻其上疏时，自知触忤当死，市一棺，诀妻子，待罪于朝，僮仆亦奔散无留者，是不遁也。"帝默然。少顷复取读之，日再三，为感动太息，留中^⑬者数月。

（选自清·张廷玉《明史·海瑞传》）

注释：

①斋醮（jiào）：请僧道设斋坛，祈祷神佛禳除灾祸。

②符瑞：象征吉祥征兆的物品。

③迩者：近来。

④直：用直道侍奉。

⑤赖臣工匡弼：依赖群臣百官纠正辅佐。臣工，群臣。

⑥度支差求：经费开支。

⑦愧心馁气：心中有愧，心虚。

⑧大端：主要。

⑨顺受其正：顺天理正道而行，接受的便是正命。语出《孟子》。

⑩怪妄：奇怪，虚妄。

⑪有手执而付之耶：是上天亲手拿着然后交给人的吗？

⑫趣执之：赶快抓住他。

⑬留中：皇帝将臣子的奏疏留置宫禁之中，不交办。

【文意疏通】

陆光祖担任户部文选郎时，提拔海瑞任户部主事。当时明世宗在位已久，不理朝政，深居西苑，专心致力于斋祭修道。督抚大吏争相呈献象征吉祥的物品，礼官们动辄上表祝贺。朝廷大臣自从杨最、杨爵被治罪以后，就没有人敢讲当时政务的。四十五年二月，海瑞单独上书说：

"近来，严嵩被罢免相职，严世蕃被判处极刑，一时略微使人称快。然而严嵩罢相后，还是如同严嵩没有任相之前一样，世道并不十分清明，远远赶不上汉文帝时。因为天下人不用直道侍奉陛下

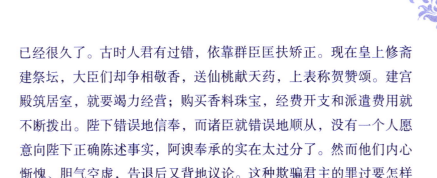

已经很久了。古时人君有过错，依靠群臣匡扶矫正。现在皇上修斋建祭坛，大臣们却争相敬香，送仙桃献天药，上表称贺赞颂。建宫殿筑居室，就要竭力经营；购买香料珠宝，经费开支和派遣费用就不断拨出。陛下错误地信奉，而诸臣就错误地顺从，没有一个人愿意向陛下正确陈述事实，阿谀奉承的实在太过分了。然而他们内心惭愧、胆气空虚，告退后又背地议论。这种欺骗君主的罪过要怎样处理呢！

"而且陛下的失误很多，其中最重要的失误就是斋祭修道。斋祭是用来求长生的。可自古圣贤传下训诫，修身立命称'顺天理正道而行，就算是接受正命'，从没有听到长生的说法。尧、舜、禹、汤、文、武是最圣贤的人，也没有能够在世上久存，退一步讲，也没有见到从汉、唐、宋到现在有活着的方士。陛下接受陶仲文的方术，称他为老师。但陶仲文已经死了，他都不能长生，而陛下却为何要独自求长生呢？至于仙桃天药，就更加怪诞荒谬。桃子必须采摘才能得到，药必须制作才能完成，现在无缘无故得到这两件东西，是它们长脚自己走来的吗？称'天赐'的，难道是上天有手拿着来交付某个人的吗？这是左右奸诈的人制造荒诞的事来欺骗您，而您错误地相信了，认为是真的，错了啊。"

世宗接到奏章后，非常恼怒，扔到地上，环视左右的人喊："赶快抓住他，不要让他逃跑了。"宦官黄锦在旁边说："这个人素有痴傻之名。听说他上奏章的时候，自知触犯皇上该死，就买了一副棺材，告别妻儿，在朝廷等候治罪，童仆也都已经遣散，没有人留下，这个人是不会逃走的。"皇上沉默不语，过会儿又取过奏章来阅读，一天读了好几遍，感动而叹息，将奏疏留在中宫几个月之久。

【义理揭示】

海瑞的刚毅坚守是出了名的，明明知道上书指出没有长生之路必然会触怒多病的皇帝，却还是要把该说的都说出来，也难怪别人说他痴傻。批评皇帝的荒谬在皇帝眼中当然是欺君，所以世宗虽然也认为他是个忠臣，却还是差点在驾崩前要了海瑞的命。然而海瑞的上书却让我们看清，那些明知皇帝犯错却一味顺应皇帝的做法才是真正地欺君罔上，不负责任。

文化倾听

"恪尽职守"语出《孙子兵法》，"恪"乃谨慎、恭敬之意，"尽"乃完善之意；恪尽职守是指尽个人的最大努力，严守岗位，谨慎、认真地做好自己的本职工作。具体来说，首先就是对自己的工作有一种使命感和责任意识。其次是工作中要敢于担当，勇挑重担；要求真务实，勤于任事；要淡泊名利，甘于奉献；要严于律己，谨言慎行；要正道直行，大公无私。

这些要求看起来似乎很难做到，可是当我们翻开中华史册，不难发现能够以恪尽职守要求自己的贤士简直灿若群星。他们或出于"忠君"，或出于"爱国"，或出于个人的道德理念和原则信仰，忠于职守，克己奉公，上扶君王，下济苍生，终视天下为己任。由于"家天下"的缘故，帝王中虽然也有少数明君，但平庸之辈毕竟占据了大半，更有甚者纵一己之欲、行荒唐之事，直至骄奢淫逸而亡国丧身。然而中华文明的车轮滚滚向前从不曾停滞的原因，就在于有太多恪尽职守的贤士。他们有见识，有胆量，有操守，敢担当，

前仆后继。在改朝换代的汹涌波涛之下，他们是坚实厚重的大陆架，为神州大地擎起了碧海青天。

汉文帝生前最后一道诏书曾说过，"天下万物之萌生，靡不有死。死者天地之理，物之自然，奚可甚哀"，他实在是位清醒的、了不起的君王。雍正在位之时也是位勤勉的皇帝，传说他十三年中批过的折子就有三百六十多卷，然而一想到有一天会丧失权力，他就感到恐慌。所以他才迷信道士，终因服用丹丸过度而死于圆明园。可见，当皇帝们为了保住"权力"或者延长"权力"的寿命时，虚妄的"长生""斋醮"和"天书"就成了迷惑心性的东西。面对这样的情形，清代的海瑞和宋代的前辈孙奭一样，选择抗颜上疏，用他们卓越不凡的见识和理性的头脑匡世救主，哪怕自己会触怒龙颜，哪怕自己会家破人亡。卓越不凡的见识让他们不会轻易迷惑，把职责放在第一位让他们拥有了超人的胆量。臧文仲不但勇挑别人躲也躲不及的重担，更是目光长远，成竹在胸，深知齐鲁渊源的臧文仲知道齐必会救鲁，因此能够挑起担子，自然也能顺利地到达目的地。同样自省的国渊，即使面对来自曹公的赞美，也深深懂得域内发生祸患自然也是自己的责任，比平定祸乱更重要的是凭借善政去除祸乱滋生的土壤。

无论古今，谈论恪尽职守，都不会忘记强调一个"公"字。公者，背私为公。如果天子甘心代表天下人的利益，那么"奉君"即为"奉公"。如果天子选择与天下人为敌，那么这个"公"字也就有了超越"忠君"的内涵。因此"公心"源于责任，而责任源于更深层的"忠"，对"公"追求的使命化最终演变为对崇高人格的自觉追求。赵奢收税铁面无私，还算是为了君王之法不怕得罪贵族；相比之下，李离的殉法而死则显得更为壮烈。他是执法者，也自认是犯法者，他面对的不是贵族利益，而是自己的生命，当法已然成了他的信仰，他的生命也就融进了他所提倡的"公法"之中。

民谚道，"万般皆下品，唯有读书高"，主要是因为通过读书取仕，可以一步踏入统治阶级的行列，从而拥有大小不同的权力。如果皇帝青睐有加，那么这种权力甚至可以说是几乎不受制约的，要想以权谋点小"私"，实在是易如反掌。苏章对待有问题的朋友强调公私分明，为当年的友情而醉，也为今天朋友的腐败而警醒。韩厥的处境更让人感到窘迫，违法的是刚刚举荐自己的当权者的下属，不处理，违法；按章办事，有碍于当权者的面子，弄不好还可能影响自己的政治前途。还好，真正感到窘迫的是读者，韩厥却不曾有一丝一毫的犹豫，他只管照章办事，因而也成就了赵宣子善于荐贤的好名声。人生在世，谁没有朋友、亲人、恩人，只是感情归感情，职责归职责。公私的那条界限，无论如何也不应该跨过。

宋代以来，一般的地方官员也常被百姓称作"父母官"。但柳宗元却在送友人的文章里说到官吏的职责应该是"民之役，非以役民"，这在封建时代实在是振聋发聩的洪钟巨响，具有超越时代的意义。幸运的是绝非柳宗元一人这样想，"前有古人，后有来者"。西周的召公作为辅国之臣常常亲自外出巡视，在田间地头就把百姓的事情解决了。而且他还生怕叨扰地方，就在甘棠树下搭个简易帐篷办公。明朝的青文胜是个品阶低到没有资格见皇帝的县令属官，却能拼死为属地的百姓请命，以自己生命救众生于水火之中。他们都用行动表明，做官就是为百姓服务的，当然要把百姓的利益、百姓的感受放在心上。

恪尽职守，夙夜在公，为民服务，为国尽力。在当代中国，我们更需要发扬这种精神，让人们在各自的行业里、岗位上兢兢业

业，为社会的进步和道德的提升，奠定坚实的基础。

2012 年 9 月 25 日，对中国海军来讲是一个里程碑式的日子，中国第一艘航空母舰"辽宁号"正式交付海军。而仅仅两个月之后，海军航空兵就成功完成了歼－15 舰载机着舰训练。然而就这一系列的成就让国外军事专家们震惊之余，又传来一个噩耗——"航空报国英模"，中国航空沈阳飞机工业有限公司董事长、总经理、歼－15 舰载机研制现场总指挥罗阳，在完成舰载机首次起降试验任务返港靠岸后，因过度劳累不幸辞世，年仅 51 岁。

作为军人的后代，罗阳在中学时代就对天空有着强烈的渴望，以他的高考成绩，完全可以选择很多名校的热门专业，但他却主动选择了到北京航空航天大学学习高空设计。毕业之后的三十年里，他从未离开过自己热爱的事业，无论是作为飞机设计员，甚至是飞机设计研究团队领导，还是飞机制造大型国有企业领导，他总是兢兢业业，把全部身心都奉献给了祖国的航空事业。

恪尽职守、锐意进取是罗阳最突出的闪光点。他是个工作狂，仿佛永远不知疲倦。他通常早上 7 点就到办公室，晚上 12 点才回家，并笑称这是沈飞的"711"工作制——每周工作 7 天，每天工作 11 小时。遇上攻坚战，他又自动切换成"724"工作制——吃住在厂，每天 24 小时通宵达旦地工作。累了，就随便坐在哪里打个盹。之所以如此拼命，是因为他深知研制航母舰载战斗机的艰难，中国几乎是从零起步，关键技术外国人又不肯卖；而且原有的设计与制造分家的组织模式也已落伍。于是他提出了"面向制造的设计"和"面向设计的制造"的新理念，创造了"厂、所一体""设计、制造一体"协作攻关的新组织模式。在设计阶段，"沈飞制造厂"几百名工程技术人员来到沈阳飞机设计研究所，提前介入设计；在制造阶段，研究所的大队人马又跟随工程人员深入工厂，将设计延伸到制造，各方配合流畅，保证了技术快速突破、项目快速推进。

在制造拦阻系统时，有个部件出现故障。有人认为更换新部件就可以了，但罗阳却带着工程和设计人员连夜启动设计和制造全过程排查，最后发现是部件制造中对设计思想理解不到位，从而造成了该批次产品都存在着不确定因素。如果只是更换部件，就会留下致命隐患。于是他又带领工程技术人员重新设计制造，力求保证拦阻系统的万无一失。

歼-15 上舰之后，罗阳作为舰载机着舰训练现场总指挥自然也亲临现场。每次起降，他都坚持在一旁观看、记录，没有放过任何一批次飞机的触舰、复飞等动作，观看点离飞机最近时距离不超过 20 米。白天里，巨大的战机高速扑向甲板，发动机的轰鸣震天撼地；夜幕降临后，一个又一个分析会、总结会。这一切都在考验着罗阳过度劳累的心脏。

终于，在辽宁舰顺利返航，人们正在准备为英雄们庆功之时，他却拖着疲惫的身躯缓缓倒下，都没有来得及见妻子最后一面。妻子王希利说，罗阳平时心里装的、脑子里想的，都是工作、飞机。在他心里最重要的就是"恪尽职守"——守住自己的岗位，守住自己的责任。他最后就是用生命守住了他的岗位、他的责任！

2012 年度"感动中国"栏目组为他写下了这样的颁奖词：假

如你没有离开，仍然会，带吴钩，巡万里关山。多盼望你只是小憩，醉一下再挑灯看剑，梦一回再吹角连营。你听到了吗？那战机的咆哮，没有悲伤，是为你而奏响！

文化感悟

1. 读完本单元的故事，请简要概括"恪尽职守"的具体内涵是什么。

2. 课外阅读《史记·循吏列传》，与本单元故事进行比较，简述其异同。

3. 阅读下面的故事，你认为孔子的处置是否得当？

鲁人从君战，三战三北。仲尼问其故，对曰："吾有老父，身死，莫之养也。"仲尼以为孝，举而上之。

第四章　心系苍生

文化典籍

一 晏子知民饥寒

【原文选读】

　　景公之时，雨雪三日而不霁①，公被②狐白之裘③，坐堂侧陛④。晏子入见，立有间。公曰："怪哉！雨雪三日而天不寒。"晏子对曰："天不寒乎？"公笑。晏子曰："婴闻古之贤君，饱而知人之饥，温而知人之寒，逸而知人之劳⑤，今君不知也。"公曰："善！寡人闻命⑥矣。"乃令出裘发粟与饥寒。

（选自《晏子春秋》）

注释：

　　①雨雪三日而不霁（jì）：大雪下了三天而不晴。雨，下。霁，雨雪后天晴。

　　②被：通"披"，穿着。

③狐白之裘：用狐狸腋下的白毛皮缝制的皮衣。

④陛：宫殿的台阶。

⑤逸而知人之劳：自己安逸之时却懂得别人的劳苦。

⑥闻命：受到教诲。

【文意疏通】

齐景公在位的时候，连下三天大雪还不放晴。景公披着用狐狸腋下白毛做的皮衣，坐在正堂旁边的台阶上。晏子进宫谒见，在旁边站了一会儿。景公说："真奇怪啊！下了三天大雪可天气却不冷。"晏子回答说："天气真的不冷吗？"景公笑了。晏子说："我听说古代贤德的国君，自己吃饱之时却能想到别人的饥饿，自己穿暖之时却能想到别人的寒冷，自己安逸之时却能想到别人的劳苦。可惜现在您却不能想到这些啊。"景公说："说得好啊！我听到你的教诲了。"于是景公便命人发放皮衣、粮食给那些饥寒交迫的人。

【义理揭示】

自己不冷而知民之冷，自己不饥而念民之饥，晏子三朝为相、名留青史的根本原因就在于他的心里总是牵挂着天下苍生。他不但自己过着十分节俭的生活，还力谏君王时刻考虑百姓的生活疾苦；相比之下，景公虽然最终从善如流，但从他穿着裘衣论天气不冷的行为来看，还是能够隐约看出当时的礼崩乐坏。

二 孟子保民而王①

【原文选读】

是故明君制②民之产，必使仰足以事父母，俯足以畜③妻子；乐岁终身饱，凶年④免于死亡；然后驱而之善⑤，故民之从之也轻⑥。今也制民之产，仰不足以事父母，俯不足以畜妻子；乐岁身苦，凶年不免于死亡；此惟救死而恐不赡⑦，奚暇⑧治礼义哉！王欲行之，则盍⑨反其本矣！五亩之宅⑩，树之以桑，五十者可以衣帛矣；鸡豚狗彘之畜⑪，无失其时，七十者可以食肉矣；百亩之田，勿夺其时，八口之家，可以无饥矣；谨庠序之教⑫，申之以孝悌之义⑬，颁白者不负戴于道路⑭矣。老者衣帛食肉，黎民不饥不寒，然而不王者，未之有也。

（选自《孟子·梁惠王上》）

注释：

①保民而王：通过施行仁政爱护百姓的方式来统一天下。

②制：规定。

③畜：通"蓄"，养活，抚育。

④凶年：饥荒的年头。

⑤驱而之善：督促百姓做好事。之，往。

⑥轻：容易。

⑦赡（shàn）：足够，及。

⑧奚暇：哪里有空闲时间。

⑨盍：相当于"何不"，谦词。

⑩五亩之宅：古制中规定一个成年男子可以分到五亩土地营造家园。

⑪鸡豚狗彘（zhì）之畜：喂养各种家禽和牲畜。豚，小猪。彘，大猪。

⑫谨庠（xiáng）序之教：认真地办好学校教育。庠序，古代学校的名称。

⑬申之以孝悌之义：用孝敬父母、尊敬兄长的思想教导百姓。申，反复教导。悌，尊敬兄长。

⑭颁白者不负戴于道路：头发斑白的老人便不需要在路上再背着、顶着东西走了。颁，通"斑"。

【文意疏通】

　　孟子劝梁惠王施行仁义之政来实现统一天下的理想目标。他说："英明的君主规定老百姓拥有一定的产业，能够让他们上能赡养父母，下能养活妻子儿女；在年成好时能丰衣足食，年成不好时也不致于饿死；这样之后，再督促他们做好事，因此老百姓很容易就会追随着国君了。如今，规定百姓所拥有的产业，上不足以赡养父母，下不能够养活妻子儿女；有好的年景时也总是生活在困苦之中，遇上坏的年景免不了要饿死；这是连勉强活着恐怕还不够，哪里还顾得上讲求礼义呢？大王如果真的想施行仁政，那为什么不回到根本上来呢？分给每家五亩土地修建房屋，让他们种上桑树，那么五十岁以上的人就可以穿上丝织的衣服保暖了；让他们喂养鸡、小猪、狗、大猪这些家畜，不要错失时机，那么七十岁以上的人就可以有肉吃了；每户耕种一百亩的田地，不要让百姓因为劳役、兵役而耽误了农忙耕种的时节，那么八口人的家庭就可以不再挨饿了；认真办好学校教育，反复地用孝顺父母、尊重兄长的道理教导百姓，那么头发斑白的老人便不会再亲自背负东西在路上走了。如果老年人能穿上丝织的衣服吃上肉，一般的老百姓能够不挨饿受冻，这样还不能统一天下，那真是没有的事情啊。"

【义理揭示】

　　为了向君王推广学说的方便，孟子把孔子的"仁"又向前推进了一步，从侧重读书人的自我修养，扩展成了统治者可以采取的治国策略——王道。甚至孟子还赋予"王道"以具体且实际的内容，让保民、富民的标准清晰化，从而使人一目了然。

三　赵威后问齐使

【原文选读】

　　齐王使使者问赵威后①。书未发②，威后问使者曰："岁亦无恙③邪？民亦无恙邪？王亦无恙邪？"使者不说④，曰："臣奉使使威后，今不问王而先问岁与民，岂先贱而后尊贵者乎？"威后曰："不然，苟无岁，何以有民？苟无民，何以有君？故有舍本而问末者耶？"

　　乃进而问之曰："齐有处士⑤曰钟离子，无恙耶？是其为人也，有粮者亦食⑥，无粮者亦食；有衣者亦衣⑦，无衣者亦衣。是助王养其民者也，何以至今不业⑧也？叶阳子⑨无恙乎？是其为人，哀鳏寡，恤孤独⑩，振⑪困穷，补不足。是助王息⑫其民者也，何以至今不业也？北宫之女婴儿子⑬无恙耶？彻其环瑱⑭，至老不嫁，以养父母。是皆率民而出于孝情者也，胡为至今不朝⑮也？此二士弗业，一女不朝，何以王齐国，子万民乎？"

　　　　　　　　　　　　　　（选自西汉·刘向《战国策·齐策》）

注释：

①问赵威后：问候赵威后。赵威后，赵惠文王之妻，惠文王去世后，曾临朝听政。

②书未发：齐国送来的国书还没有打开。

③岁亦无恙：齐国的收成还好吧。岁，年成，收成。

④说：通"悦"，高兴。

⑤处士：有才能而隐居不出来做官的人。后文的钟离为复姓。

⑥食（sì）：给……吃。

⑦衣（yì）：给……衣服穿。

⑧业：使之做官而成就功业。用作动词，这里指重用。

⑨叶（shè）阳子：齐国的隐士。叶阳为复姓。

⑩哀鳏（guān）寡，恤孤独：怜悯鳏夫、寡妇、丧父的孩子和失子的老者。鳏，老而无妻之人叫作鳏夫。

⑪振：通"赈"，救济。

⑫息：繁衍。

⑬北宫之女婴儿子：北宫氏的女儿，婴儿子。北宫，复姓。婴儿子，是其名。

⑭彻其环瑱（tiàn）：摘下自己头上的饰品。彻，通"撤"。环瑱，耳环和戴在耳垂上的玉。

⑮不朝：不上朝，古代女子得到封号才能上朝，这句是说为什么还没有得到封号呢？

【文意疏通】

　　齐襄王派遣使者到赵国来问候赵威后，赵威后还没有打开送来的国书，就问齐王使者说："齐国今年的收成还好吧？百姓没有什么忧患吧？你们的大王没有什么忧患吧？"使者有点不开心，就说："我接受了大王的命令向太后问好，您不先问我们大王的状况，却打听收成、百姓的状况，怎能把低贱者放在前头而把尊贵者放在后面呢？"赵威后回答说："不是这样的。如果没有收成，百姓依靠什么来繁衍生息呢？如果没有百姓，又怎么会有国君呢？所以如果要问的话，怎么能不问根本而去问末梢的事情呢？"

她接着又问："齐国的隐士钟离子，还好吧？他主张有粮食的人让他们有饭吃，没粮食的人也让他们有饭吃；有衣服的让他们有衣穿，没有衣服的也让他们有衣穿，这是在帮助君王养活百姓，齐王为何至今还没重用他呢？叶阳子还好吧？他主张怜悯同情社会中的鳏寡孤独者，赈济穷困不足的人，这是替大王使其人民得到繁衍生息，为何至今还不加以任用？北宫家的女儿婴儿子还好吗？她摘去耳环玉饰，至今不嫁，一心奉养双亲，用孝道为百姓作出表率，为何至今未被朝廷褒奖？这样的两位隐士不受重用，这样的一位孝女不被接见，齐王是凭借着什么来治理齐国、抚恤万民的呢？"

【义理揭示】

赵威后是赵惠文王之妻，在赵孝成王还小的时候有过一段短暂但颇具光辉的执政经历。她勤政爱民，上面这段对话，就集中体现了她的民本思想。无岁则无民，无民则无君，不关心天下苍生就是忽视治国的根本。她之所以关心钟离子、叶阳子是否得到重用，也是因为他们能够助王养民。此外，所谓百善孝为先，在儒家的思想体系中，忠、信、仁、义等概念，都基于"孝"心，是把人们对于父母亲人的爱推广开去而产生的。因而提倡婴儿子遵从的孝道就是协调百姓思想的最有利工具。

四　汉文帝悯农减税

【原文选读】

（一）

诏曰："方春和时，草木群生之物皆有以自乐，而吾百姓鳏、寡、孤、独、穷困之人或陷①于死亡，而莫之省忧②。为民父母将何如？其议所以振贷③之。"又曰："老者非帛不暖，非肉不饱。今岁首，不时使人存问长老，又无布帛酒肉之赐，将何以佐天下子孙孝养其亲？今闻吏禀当受鬻者，或以陈粟④，岂称养老之意哉！具为令⑤。"有司请令县、道，年八十已上，赐米人月一石，肉二十斤，酒五斗。其九十已上，又赐帛人二匹，絮三斤。赐物及当禀鬻米者，长吏阅视，丞若尉致⑥。不满九十，啬夫、令史⑦致。二千石遣都吏循行⑧，不称者督之。

（二）

春正月丁亥，诏曰："夫农，天下之本也，其开藉田⑨，朕亲率耕，以给宗庙粢盛⑩。民谪作县官及贷种食未入、入未备者⑪，皆赦之。"

（三）

诏曰："农，天下之大本也，民所恃以生也，而民或不务本而事末⑫，故生不遂⑬。朕忧其然，故今兹亲率群臣农以劝之。其赐天下民今年田租之半。"

（四）

诏曰："道民之路，在于务本。朕亲率天下农，十年于今，而野不加辟⑭。岁一不登⑮，民有饥色，是从事焉尚寡，而吏未加务也。吾诏书数下，岁劝民种树，而功未兴，是吏奉吾诏不勤，而劝民不明也。且吾农民甚苦，而吏莫之省，将何以劝焉？其赐农民今年租税之半。"

（选自东汉·班固《汉书·文帝纪》）

注释：

①阽（diàn）：临近。

②莫之省忧：没有人视察、担忧他们的生活。

③振贷：救济。振，通"赈"。贷，施舍。

④今闻吏禀当受鬻（yù）者，或以陈粟：如今听说官吏们在赐老人粥时，有人用陈年旧米。禀，赐。鬻，粥。

⑤具为令：制定条令。

⑥长吏阅视，丞若尉致：县里主要长官要督促检查，县丞或县尉要亲自送达。若，或者。

⑦啬夫、令史：皆是县中低级小吏。

⑧二千石遣都吏循行：郡守派都吏在外巡视。二千石，汉称郡守为"二千石"。

⑨藉田：皇帝象征性耕种的土地，用来奉宗庙，勉励百姓务农。

⑩粢（zī）盛：盛于祭器以供祭祀的谷物。

⑪民谪作县官及贷种食未入、入未备者：因拖欠而受官府惩罚，借了种子却没有上交粮食，以及粮食还没有上交完的百姓。

⑫末：指商业。

⑬生不遂：生计困难。

⑭野不加辟：田地没有得到更多的开垦。

⑮岁一不登：年成一旦不好。登，丰收。

【文意疏通】

（一）

汉文帝下诏说："当此春风和畅之时，各种动植物都有尽情生长的快乐，而我们那些鳏、寡、孤、独和穷困之人中，有的就会接近死亡的边缘，而得不到关心与照顾。作为百姓的父母，内心如何能安定？应该讨论用来赈济的方法了。"诏文又说："老人如果不穿棉袄就不暖和，不吃肉食就不会饱。如今正当初春，要经常派人去看望慰问老者，如不赐给一些布帛酒肉，又怎么能帮助天下的子孙孝敬供养他们的父母双亲呢？我曾听到有的官吏在给老人发放米粥时，竟以陈粟烂米充数，这能说是符合朝廷养老的诏令吗！现在要详尽具体地制定条例。"有关官吏通知各县、道，对年龄在八十岁以上的老人，要赐给每人每月一石米，二十斤肉，五斗酒。对年龄在九十岁以上的老人，再增加每人二匹布，三斤棉絮。对年过九十的老人赐物及发放养老粮时，县令要亲自督促检查，县丞或县尉要亲自送达。对不满九十的老人，由县里的下层官吏送达。郡守要派官吏在外巡视检查，对不执行诏令的要严格予以查处。

（二）

春正月丁亥日，汉文帝下诏说："农业，是天下的根本，应建立天子亲自耕田地的制度，朕亲自带人耕种，以供应宗庙祭祀所需的粮食。对于那些因拖欠粮食而受官府惩罚，借了种子却没有上交粮食，以及粮食还没有上交完的百姓，都予以赦免。"

（三）

文帝下诏说："农业，是天下的根本，也是人民所赖以生存的基础，如果有些百姓不认真从事根本而去从事不重要的工商业，那么衣食生计的物资就会缺乏。我对这样的现象十分担忧，所以今天亲自率领群臣参加农耕来劝勉百姓。同时作为恩赐，免除天下百姓今年的一半田租。"

（四）

文帝下诏说："引导百姓的途径，在于抓住农业这个根本。朕亲自耕作以劝勉农耕，到如今已经十年了，然而田野还是没有得到充分的开垦。年成一旦不够好，百姓就处于饥饿状态，这是因为从事农业的人还不够多、各地官吏未能认真重视农业的缘故。我多次下诏，每年劝百姓多耕种，然而功效甚微，这也是地方官吏执行我的诏令不认真，对百姓的宣传动员不够明确所致。而且我们的百姓非常辛苦，地方官吏又对他们漠不关心，那还用什么来勉励百姓从事农业生产呢？为此免除农民今年应缴租税的一半。"

【义理揭示】

汉文帝在位二十三年，持续推行休养生息的政治策略，劝课农桑，减省租赋。从上面的四则诏书里，我们看到了他为社会安定和经济发展所采取的具体措施。后来继位的景帝也采取了同样的政策，两人合力造就了封建时期的第一个治世，史称"文景之治"。

五 倪宽收税便民

【原文选读】

宽①既治民，劝农业，缓刑罚，理狱讼②，卑体下士③，务在于得人心；择用仁厚士，推情与下④，不求名声，吏民大信爱之。宽表奏开六辅渠⑤，定水令⑥以广溉田。收租税，时裁阔狭⑦，与民相假贷⑧，以故租多不入⑨。后有军发⑩，左内史以负租课殿，当免⑪。

民闻当免，皆恐失之，大家牛车，小家担负，输租锯属不绝^⑫，课更以最^⑬。上由此愈奇宽。

（选自东汉·班固《汉书·倪宽传》）

注释：

①宽：倪宽，西汉人，曾任左内史。

②理狱讼：清理案件。

③卑体下士：谦虚地对待下属和人才。

④推情与下：推究人情对待下属，体恤百姓。

⑤六辅渠：在郑国渠上又修筑了六条渠道，史称"六辅渠"。

⑥定水令：制定用水的条例。

⑦时裁阔狭：按照时节收成裁定征收租税多或少。

⑧假贷：借贷。

⑨租多不入：租税经常收不上来。

⑩军发：军事行动。

⑪以负租课殿，当免：因为倪宽拖欠应缴租税，在朝廷考核中拉到最后，被判处免去其官职。

⑫输租锯（qiǎng）属不绝：运来田租和赋税络绎不绝。锯，成串的铜钱。属，连续不断。

⑬课更以最：考核的结果变成了（征收赋税）最多的官员。

【文意疏通】

西汉倪宽上任左内史诟，奖励农业耕作，减轻刑罚，清理积累下来的案件，谦虚地对待下属，礼贤下士，致力于获得人心。他挑选任用仁义宽厚之人，推究人情真心对待下属，体恤百姓疾苦，不追求名利声望，因而得到了官吏百姓的信任和爱戴。倪宽上书皇帝，请求在郑国渠上再开凿六辅渠，让郑国渠发挥更大的灌溉效益。他制定水利法令来扩大农田的灌溉范围。在负责征收赋税时，总是按照时节和收成的具体情况，裁定征收租税的多或少，还向民间发放借贷，因此应收上来的赋税好多都没有及时收上来。后来因为有军事行动需要钱财物资，左内史倪宽拖欠应缴租税，在朝廷考核中位处最后，被判处免去官职。百姓听说他将被免官，都怕失去倪宽这样一位好官员，大户人家用牛车，小户人家肩挑背扛，来补缴租税的人在道路上络绎不绝，使得考核的结果变成了倪宽赋税征收得最多。皇上由此更加认为倪宽是个奇才了。

【义理揭示】

收成好了多交税，收成不好少交税，那是不是没把国家的利益放在第一位呢？其实不然，倪宽当然知道征税的责任，但他更知道百姓才是国家的根本，所以在百姓青黄不接的时候，少收税，甚至是通过借贷帮助百姓渡过难关，等到生活稳定下来，而国家又有需要的时候，百姓们自然愿意主动交纳税款。

六 贾思勰《齐民要术》

【原文选读】

《淮南子》曰："圣人不耻身之贱也，愧道之不行也；不忧命之长短，而忧百姓之穷……神农憔悴，尧瘦癯，舜黎黑，禹胼胝[①]。由此观之，则圣人之忧劳百姓亦甚矣。"

召信臣为南阳[②]，好为民兴利，务在富之。躬劝农耕，出入阡

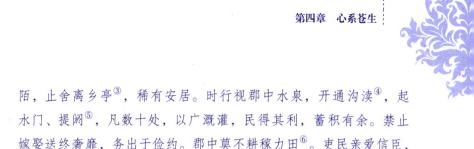

陌，止舍离乡亭③，稀有安居。时行视郡中水泉，开通沟渎④，起水门、提阀⑤，凡数十处，以广溉灌，民得其利，蓄积有余。禁止嫁娶送终奢靡，务出于俭约。郡中莫不耕稼力田⑥。吏民亲爱信臣，号曰"召父"。

僮种为不其令⑦，率民养一猪，雌鸡四头，以供祭祀，死买棺木。

颜斐为京兆⑧，乃令整阡陌，树桑果；又课以闲月取材⑨，使得转相教匠作车；又课民无牛者，令畜猪⑩，投贵时卖，以买牛。始者民以为烦，一二年间，家有丁车⑪、大牛，整顿丰足。

王丹⑫家累千金，好施与，周人之急。每岁时农收后，察其强力收多者⑬，辄历载酒肴，从而劳之，便于田头树下饮食劝勉之，因留其余肴而去；其惰懒者，独不见劳⑭，各自耻不能致丹⑮，其后无不力田者，聚落以至殷富。

（选自北朝·贾思勰《齐民要术·序》）

注释：

①神农憔悴，尧瘦癯（qú），舜黎黑，禹胼（pián）胝（zhī）：神农容颜憔悴，尧身形清瘦，舜肤色暗黑，禹的手脚都长满了厚茧。

②召信臣为南阳：召信臣任职南阳太守的时候。召信臣，西汉人。

③止舍离乡亭：住的地方遍布了各个乡中的公共客舍。离，历经。乡亭，乡中公舍，汉时百户为一里，十里一亭，十亭一乡，每亭设公舍一间供行人止息。

④开通沟渎：开凿疏通田间的沟渠。

⑤起水门、提阀（è）：修筑水闸。

⑥力田：努力耕田。

⑦僮种为不其令：僮种任不其县令时。僮种，东汉人。

⑧颜斐为京兆：颜斐任京兆太守时。颜斐，又写作颜裴，三国时魏人。

⑨又课以闲月取材：通过考核要求百姓利用空闲时间伐取木材。课，考核。

⑩令畜（xù）猪：让他们养猪。

⑪丁车：结实的车。丁，坚实。

⑫王丹：东汉富人。

⑬强力收多者：劳动能力强，收谷多的农人。

⑭不见劳：不能被王丹慰劳。

⑮耻不能致丹：以不能让王丹前来犒劳自己为耻辱。

【文意疏通】

《淮南子》一书中说："圣人不以自己身份的低贱卑微为耻，而是惭愧治国之道得不到推行；不会为生命的长短而忧虑，而是为百姓的贫穷而忧虑。因此神农氏容颜憔悴，尧身形清瘦，舜肤色暗黑，禹的手脚都长满了厚茧。由此看来，圣人对百姓的忧心与思虑都是非常深重的。"

西汉的召信臣任南阳太守时，重视为百姓兴办有利的事业，一心一意地要让百姓生活富裕。他深入农村，亲自劝说农民重视农耕。他住过的地方，遍及各地的乡中公舍，极少有长时间居住在某一处的时候。他视察郡中的水源，挖通沟渠，修建水闸总共几十处，用来扩大灌溉面积。百姓得到了灌溉的好处，家家有了蓄积的财物。他还下令禁止嫁娶、丧葬时铺张浪费，务求节约。郡中百姓无不努力务农，勤勉耕作。全郡官民无不对他敬爱有加，尊称他为"召父"。

东汉的僮种任不其县令时，引导百姓每人养一头猪、四只母鸡，以供祭祀之用，最终卖掉还能用于置办棺材。

魏国的颜斐任京兆太守时，让百姓整修田间道路，种植桑树和

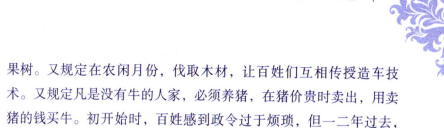

果树。又规定在农闲月份，伐取木材，让百姓们互相传授造车技术。又规定凡是没有牛的人家，必须养猪，在猪价贵时卖出，用卖猪的钱买牛。初开始时，百姓感到政令过于烦琐，但一二年过去，每家每户都有了结实的车、大牛，事事都得到整顿，丰衣足食。

东汉王丹，家资不断累积，非常富有，为人好施舍，愿意帮助他人解决困难。每到年终收获大忙过后，他就去察访劳动能力强、收获谷物多的农人，携带着酒肉，一一前去犒劳。常在地头树下，席地饮食，慰问勉励农人们辛苦劳作。临走时把剩余的酒菜留下，随即离去。而那些懒惰的农民，却得不到王丹的犒劳，他们都深以不能使王丹前来慰劳自己为耻，此后无不努力种田。因此全村的百姓都变得富裕起来。

【义理揭示】

《齐民要术》是一本记录农业生产经验的农书。作者贾思勰（xié），北魏人，曾做过高阳太守，是中国古代杰出的农学家。在这本书的序言里，作者告诉读者，真正的圣人都是把百姓装在自己心中的辛勤之人。后面的一系列事例，赞扬了一群愿意站在百姓立场，真诚帮助百姓，并最终受到百姓爱戴的人。

七 唐太宗止盗食蝗

【原文选读】

（一）

上与群臣论止盗。或请重法以禁之，上哂①之曰："民之所以为盗者，由赋繁役重②，官吏贪求，饥寒切身③，故不暇顾廉耻耳。朕当去奢省费④，轻徭薄赋，选用廉吏，使民衣食有余，则自不为盗，安用重法邪！"自是数年之后，海内升平，路不拾遗，外户不闭，商旅野宿⑤焉。

上又尝谓侍臣曰："君依于国，国依于民。刻民以奉君⑥，犹割肉以充腹，腹饱而身毙，君富而国亡。故人君之患，不自外来，常由身出。夫欲盛则费广⑦，费广则赋重，赋重则民愁，民愁则国危，国危则君丧矣。朕常以此思之，故不敢纵欲也。"

（选自北宋·司马光《资治通鉴》）

（二）

贞观二年，京师旱，蝗虫大起。太宗入苑视禾，见蝗虫，掇数枚⑧而曰："人以谷为命，而汝食之，是害于百姓。百姓有过，在予一人⑨。尔其有灵，但当蚀我心⑩，无害百姓。"将吞之，左右遽谏曰："恐诚疾⑪，不可！"太宗："所冀移灾朕躬，何疾之避⑫！"遂吞之。

（选自唐·吴兢《贞观政要》）

注释：

①哂：微笑。

②赋繁役重：赋税多，劳役、兵役的任务沉重。

③切身：迫身。

④去奢省费：去除奢侈的需求，节省宫廷用度。

⑤野宿：野外露宿。

⑥刻民以奉君：通过剥削百姓的方法来侍奉君王。

⑦欲盛则费广：如果欲望多，那么花费就多。

⑧掇数枚：抓住了几只蝗虫。

⑨在予一人：在我一个人身上。

⑩尔其有灵，但当蚀我心：你如果有灵性的话，应当只来吃我的心就够了。

⑪恐诚疾：（吃下去）恐怕真的会生病的。

⑫所冀移灾朕躬，何疾之避：我希望的就是让灾祸移到我身上来，哪会躲避什么疾病呢！

【文意疏通】

（一）

　　唐太宗与群臣议论怎样禁止盗贼。有人请求使用严厉的刑法来制止，皇上微笑着对官员们说："老百姓之所以去做盗贼，只是由于赋税太多，劳役、兵役太重，再加上官吏们又贪得无厌，老百姓吃不饱，穿不暖，这是现实中最切身的问题，所以也就顾不得廉耻了。我应该去除奢侈的需求，节省宫廷日常开支，减轻徭役，少收赋税，选用廉洁的官吏，使老百姓吃的穿的都有剩余，那么他们自然就不会去做盗贼了，哪里还要用严厉的刑法呢！"这样经过几年之后，天下果然太平，没有人把别人掉在路上的东西拾了据为己有，家家户户外面的大门都可以不必关，商人和旅客可以随时在野外露宿而不用担心盗贼。

唐太宗曾对身边的大臣说："君主依靠国家，国家依靠民众。依靠剥削民众来奉养君主，就如同割下身上的肉来充饥，肚子感觉饱了然而身体却会死去，君主太过富裕然而国家却会灭亡。所以，君主的忧患，不是来自外面，而是常在自身。欲望多了，费用就会增大；费用增大，赋税、徭役就会繁重；赋税、徭役繁重了，民众就会愁苦；民众愁苦了，那么国家就会陷入危急；国家陷入危急了，君主就会丧失政权。朕常思考这些，就不敢放纵自己的贪欲了。"

（二）

贞观二年的时候，京城发生了大旱灾，蝗灾也大规模地出现。唐太宗来到宫廷的苑囿里视察禾苗的受灾情况，看到了蝗虫，抓起了几只，说："百姓把谷物粮食作为生存的必需品，可是你却把它们都吃掉了，这是对百姓有害啊。如果是因为百姓有什么过错，那错误也都在我一个人身上。你如果有灵性，只要来吃我的心就好了，不要伤害我的百姓。"说完就要把蝗虫生吃掉，身边的侍臣立即进谏，说："这样做恐怕真的会生病的，不可以！"唐太宗说："我希望的就是把灾祸转移到我的身上来，哪里还会躲避什么疾病呢！"说完就把蝗虫生吞了下去。

【义理揭示】

一般情况下，人们犯了盗窃罪，不管有什么理由，都是不应该的，哪怕派最公正的法官来审，也不会不加以处罚；民间发生了蝗灾，自然也不是皇帝惹下的祸，无论多苛刻的史官，都不会把这笔苦难算在帝王身上。但唐太宗却能看清君主、国家和百姓的关系，勇于把责任揽在了自己的身上。特别是那句"我希望的就是把灾祸转移到我的身上来，哪里还会躲避什么疾病呢"，读来的确触动人心。

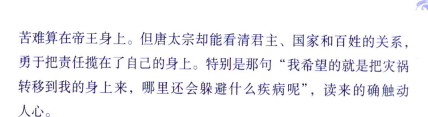

八　杜甫借古讽今

【原文选读】

兵车行①

车辚辚，马萧萧②，行人③弓箭各在腰。爷娘妻子走相送，尘埃不见咸阳桥。牵衣顿足拦道哭，哭声直上干④云霄。

道旁过者问行人，行人但云点行频⑤。或从十五北防河，便至四十西营田⑥。去时里正与裹头⑦，归来头白还戍边。边庭流血成海水，武皇开边意未已⑧。君不闻，汉家山东二百州，千村万落生荆杞⑨。纵有健妇把锄犁，禾生陇亩无东西⑩。况复秦兵耐苦战⑪，被驱不异犬与鸡。

长者虽有问，役夫敢申恨⑫？且如今年冬，未休关西卒。县官⑬急索租，租税从何出？信知⑭生男恶，反是生女好。生女犹得嫁比邻，生男埋没随百草。君不见，青海头，古来白骨无人收。新鬼烦冤旧鬼哭，天阴雨湿声啾啾⑮。

注释：

①兵车行："行"是乐府民歌的传统体裁。但杜甫没有沿用旧题，而是缘事而发，自创新题。

②车辚辚，马萧萧：战车声隆隆，战马鸣萧萧。辚辚，车行进时的声音。

③行人：从军出征的人。

④干（gān）：冲。

⑤点行频：点名征兵频繁。点行，按户籍名册强征服兵役。

⑥营田：即屯田。戍守边疆的士卒，不打仗时要种地以自给，称为营田。

⑦去时里正与裹头：新兵入伍时年纪小，自己还裹不好头巾，所以里正帮他裹头。

⑧武皇开边意未已：武皇扩张领土的意图仍没有停止。武皇，汉武帝，这里借指唐玄宗。

⑨千村万落生荆杞：成千上万的村庄灌木丛生，村落荒芜。荆杞，泛指灌木。

⑩无东西：不成行列。

⑪况复秦兵耐苦战：更何况关中兵能经受艰苦的战斗。况复，更何况。秦兵，此次出征的关中兵。

⑫役夫敢申恨：我怎么敢申诉怨恨呢？役夫，应服兵役的人。

⑬县官：这里指官府。

⑭信知：确实知道。

⑮啾啾（jiū）：象声词，形容凄厉的叫声。

【文意疏通】

车声隆隆，战马萧萧，即将出征的士兵弓箭各自佩在腰间。爹娘、妻子和儿女奔跑来相送，行军时扬起的尘土遮天蔽日以致看不见咸阳桥。亲人们拦在路上牵着士兵衣服顿脚哭，哭声直上天空冲入云霄。

路旁经过的行人问这个出征的场面怎么会如此惨烈？出征的士兵回答只是征兵太过频繁了。有的人十五岁就要到黄河以北去戍守

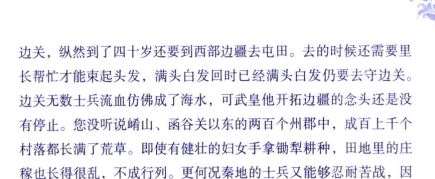

边关，纵然到了四十岁还要到西部边疆去屯田。去的时候还需要里长帮忙才能束起头发，满头白发回时已经满头白发仍要去守边关。边关无数士兵流血仿佛成了海水，可武皇他开拓边疆的念头还是没有停止。您没听说崤山、函谷关以东的两百个州郡中，成百上千个村落都长满了荒草。即使有健壮的妇女手拿锄犁耕种，田地里的庄稼也长得很乱，不成行列。更何况秦地的士兵又能够忍耐苦战，因此被驱使去作战简直与鸡狗没有什么分别。

虽然您有所质疑，但我这服役的人又怎敢申诉怨恨？就像今年冬天，还没有停止征调函谷关以西的士兵。官府紧急地催逼百姓缴租税，可租税又从哪里得来？如今确实懂得了生男孩是坏事情，反而不如生女孩好。生下女孩还能够嫁给近邻，生下男孩却不得不承受他死于沙场埋没在荒草间的悲痛。您没看见，青海的边上，自古以来战死士兵的白骨都没人掩埋。新鬼烦恼怨恨，旧鬼悲伤哭泣，天阴雨湿时众鬼凄厉地发出啾啾的哭叫声。

【义理揭示】

天宝以后，唐王朝对西北、西南少数民族的战争越来越频繁。这连年不断的大规模战争，不仅给边疆少数民族带来沉重灾难，也给广大中原地区人民带来不幸。由于军队损失严重，为补充兵力，杨国忠遣御史分道捕人，连枷送往军所，送行的亲人哭声震天。《兵车行》就是取自这一史实，意在揭露唐玄宗长期以来的穷兵黩武、连年征战，给人民造成了巨大的灾难，具有深刻的思想性和批判性。

九 何易于挽舟上下

【原文选读】

何易于，不详何所人及所以进①。为益昌令。县距州四十里，刺史②崔朴常乘春与宾属泛舟出益昌旁，索民挽绊③，易于身引舟④，朴惊问状，易于曰："方春，百姓耕且蚕，惟令不事⑤，可任其劳。"朴愧，与宾客疾驱去⑥。

盐铁官榷取茶利⑦，诏下，所在毋敢隐⑧。易于视诏书曰："益昌人不征茶且不可活，矧厚赋毒之乎⑨？"命吏阁⑩诏，吏曰："天子诏何敢拒？吏坐死，公得免窜邪⑪？"对曰："吾敢爱一身⑫，移暴于民乎？亦不使罪尔曹⑬。"即自焚之。观察使素贤之，不劾也。

（选自北宋·欧阳修《新唐书·何易于传》）

注释：

①不详何所人及所以进：不知道是哪里人以及如何开始做官。

②刺史：州郡长官，是县令何易于的上级。

③索民挽绊（lǜ）：找老百姓来拉纤绳。绊，此指拉船的纤绳。

④身引舟：亲身来拉船。

⑤惟令不事：只有县令我没有农事。

⑥驱去：骑着马离开。

⑦盐铁官榷（què）取茶利：盐铁官通过对茶实行专管专卖而谋利。榷，专卖。

⑧所在毋敢隐：盛产茶叶的地方不敢隐瞒。

⑨矧（shěn）厚赋毒之乎：更何况要用重赋来残害百姓呢？矧，况且、何况。

⑩阁：通"搁"，搁置。

⑪吏坐死，公得免窜邪：我因为这个罪过而被处死，您难道能免除被流放的处罚吗？

⑫敢爱一身：怎敢吝惜自己的生命。

⑬尔曹：你们。

【文意疏通】

  何易于，不知道他是哪里人，如何做的官，但曾做过益昌县令。益昌县的官署所在地距离州郡有四十里路，刺史崔朴曾经在春天和宾客朋友们坐着船从益昌县旁边经过，想找人拉纤绳，结果何易于亲身上阵去拉船。崔朴大惊失色，忙问为什么县令要亲自来拉纤。何易于回答道："现在正是春天，老百姓要耕地还要养蚕，很忙。只有我这个县令没有什么大事，可以承担这个工作。"崔朴听了特别惭愧，就下了船和朋友们一起骑马快速离开了。

  后来，负责物资专卖的官员通过垄断茶叶的专卖权谋取利益。朝廷有关茶叶专卖的命令下达之后，各个茶叶产地的政府都不敢有所隐瞒。何易于看到诏书后说："益昌的百姓就算是不征收茶叶税，尚且难以生活，更何况是又要用重税来残害他们呢？"于是就命令官吏把诏书搁置起来，官吏说："天子的诏书，怎么敢拒绝呢？我这些小吏因此事而被判死罪，难道您就能够避免被流放的命运吗？"何易于回答说："我怎么敢因为吝惜自己的生命，就把灾祸转移给百姓呢？我一个人担当，也不让你们这些官吏被惩罚。"于是他就把下发的诏书一把火烧掉。当地的观察使向来认为何易于是一个好官，所以最后也没有弹劾他。

【义理揭示】

何易于虽不知名，却是一个特别清廉、有胆量的官员。他非但自己不贪，也不愿别的官员在自己管辖范围内欺压百姓。然而在封建时代为官，无论如何也不能得罪顶头上司。所以才有了开头那一幕——县令亲自拉纤，既可以不影响百姓从事农业生产，也对上级进行了委婉的劝谏。而后一个故事讲的则是他破除垄断，勇于为民抗命的气魄。

十 林觉民诀别爱妻

【原文选读】

吾至爱①汝，即此爱汝一念，使吾勇于就死也。吾自遇汝以来，常愿天下有情人都成眷属；然遍地腥云，满街狼犬，称心快意，几家能彀②？司马春衫，吾不能学太上之忘情③也。语云：仁者"老吾老，以及人之老；幼吾幼，以及人之幼"④。吾充⑤吾爱汝之心，助天下人爱其所爱，所以敢先汝而死，不顾汝也。汝体⑥吾此心，于啼泣之余，亦以天下人为念，当亦乐⑦牺牲吾身与汝身之福利，为天下人谋永福也。汝其勿悲！

（选自清·林觉民《与妻书》）

注释：

①至爱：最爱。

②彀：通"够"。

③司马春衫，吾不能学太上之忘情：（一想到中国的现状）泪水就打湿我

的衣襟，我没有办法像古之圣人那样，忘记了喜怒哀乐之情。"春衫"，应为"青衫"，化用"江州司马青衫湿"，表达对国人的同情。

④老吾老，以及人之老；幼吾幼，以及人之幼：语出《孟子》，意思是尊重自己的老人，把这种尊重推及所有人的老人；爱护自己的孩子，把这种爱护推及所有人的孩子。

⑤充：扩充。

⑥体：体谅，体察。

⑦乐：把……当作快乐。

【文意疏通】

我至爱的妻子啊，我是那么的爱你，然而也就是凭着爱你的这一信念，我才能够勇敢地面对死亡。自从我与你相遇，我就一直愿天下有情人都能结为夫妇；然而现在的中国，遍地血雨腥风，阴云密布，满街豺狼恶狗，有几家人能真正称心如意地享受幸福生活呢？正如白居易因为同情琵琶女的遭遇而泪湿青衫一样，我也无法学习那种思想境界高的圣人，而忘掉喜怒哀乐之情啊。孟子曾说，仁爱的人应该尊敬自己的老人，并把这份尊敬推及开去，尊敬别人的老人；爱护自己的儿女，并把这种爱护推及开去，爱护别人的儿女。我正是如此，才扩充我爱你的心情，帮助天下人爱他们所爱的人，所以我才敢在你之前死而不顾你呀。你一定要体谅我的这种心情，在哭泣之后，也应该把天下人作为自己思考问题的出发点，也应该将牺牲我和你一生的幸福，来替天下人谋求永远的幸福作为最大的快乐啊。希望你千万不要为我的死而悲伤啊！

【义理揭示】

林觉民是参加清末广州起义的"黄花岗七十二烈士"之一，《与妻书》是他在参加广州起义的前三天晚上写给妻子陈意映的。写信时，林觉民满怀悲壮，已下定慷慨赴死的决心，义无反顾。为了"助天下人爱其所爱"，"为天下人谋永福"，他抛却与爱妻的儿女情长而"勇于就死"，体现了大义凛然、无所畏惧的革命情怀。

文化倾听

回首历史我们不难看到，从古代的民本主义思想，到近代的民主主义思想，在中国社会的正统价值观念中，"百姓"一词一直占据了"经济天下"的核心，"心系苍生"几乎是每个有良知的知识分子、士大夫乃至帝王的共识。

在中国漫长的封建历史中，民本主义思想一直是治国理念的核心。民本一词最早出自《尚书》："民惟邦本，本固邦宁。"意思是民众是国家的根本，作为统治者，要敬民、爱民，认识到民众是巩固国家的根本力量。这个认识到了战国时期，经孟子的提炼就成了"民为贵，社稷次之，君为轻"。赵威后问齐使所言"苟无民，何以有君"，就是这种民本思想的具体体现。当然由于历史的局限，大多数情况下人们还是以"君权神授"来解释帝王的合法地位，但百姓对此也不是不能有所作为的。孟子就曾说，"贼仁者谓之贼，贼义者谓之残，残贼之人谓之一夫。闻诛一夫纣矣，未闻弑君也"，又说，"得天下有道：得其民，斯得天下矣"。显然孟子认为，如果君王不施仁政，那么也就自动失去了上天交给他的权力，会有另外

的君王取而代之。因此，以儒家思想为正统的统治集团和知识分子都自觉或不自觉地坚守着"以民为本"这一准则。

　　开创了"文景之治"的汉孝文帝在帝王这一群体中最具有代表性。据《史记》和《汉书》记载，孝文帝在位时曾颁布了大量悯农和减税的诏书，几乎一遇到天灾和农业歉收，孝文帝就会在诏书中检讨自己，并且命令减免赋税。后来的唐太宗也是如此，他看着给百姓带来灭顶之灾的蝗虫，不顾臣子们反对，硬是要生生吞下，希望自己能够代替天下百姓受苦。当然这样的做法既不科学，也不能说没有表演的成分，但身为皇帝尚且如此，"百姓"与"民生"的重要性自然不言而喻了。魏征《谏太宗十思疏》说，"怨不在大，可畏惟人；载舟覆舟，所宜深慎"，显然帝王的民本主义思想，与巩固统治的需要直接相关。

　　士大夫的政治理想也是以"泽被苍生"为核心的，集中表现为对于"仁政"和"无为"的追求。与帝王的民本主义思想同中有异的是，士大夫的政治理想植根于个人价值的实现，而个人价值的实现途径在儒家看来则是"修身、齐家、治国、平天下"，从恻隐之心到忠恕之道，从忠恕之道到仁爱苍生。因此在这一过程中，士大夫的全部价值就体现在其政治理想和道德操守两个方面。"达则兼济天下"，帮助君王成就王道；"穷则独善其身"，如果君王非其人，那就退隐山林。这一进一退间，就保持了自己精神的独立性。上层士大夫如曾相三君的晏子，他匡正君王，帮助齐景公懂得要知民饥寒，从而青史留名；下层士大夫如倪宽，在收税时采取便民措施；又如何易于亲自为刺史拉纤，为孟子的"勿夺农时"作了生动的注解；又如在诗歌中借古讽今的杜甫，大声疾呼统治阶层了解民间疾苦；又如贾思勰在《齐民要术》中，化身为农业科技人员，帮助农民整理农业生产经验。可见，士大夫们既要对上级和皇帝负责，又要对下面自己管理的百姓负责。对上级和皇帝负责是因为拿了皇帝的俸禄，而对百姓负责则事关自己的政治理想。两者也难免有冲突的时候，而一旦面临类似难题，贤士大夫们对理想的坚守往往要超过对俸禄的追求。因此可以说，士大夫的民本思想要更纯粹更彻底。

当然，古代的民本主义思想与近代的民主主义思想还是有质的区别。受认识的局限，古代的知识分子还没有为"百姓"找到独立的尊严和价值。在他们的眼中，"百姓"还不是"人民"，甚至包括孟子自己也认为"劳心者治人"、"劳力者治于人"，可见他的民本思想并不是建立在人人平等的基础之上的。这种情况一直延续到明清之际，当时农业社会经济出现了危机，早期的启蒙思想就开始出现了。黄宗羲认为君主制度是天下之大害，主张用"天下之法"，代替君王的"一家之法"。顾炎武在此基础上提出要用"众治"，代替君主的"独治"。这两个人的观点是直接指向平等问题的，他们都选择了平民立场，主张君主与百姓都应该享有同样的权利。这种思想超越了前代士大夫的政治理想，"心系苍生"的内涵从此不仅仅是为天下苍生的温饱生活，更是为了天下苍生的民主权利，为了中华民族的振兴大业。在这种思想的指引下，近代革命者把反对的矛头对准了腐朽没落、逆历史潮流而动的清政府。于是我们看到一批批仁人志士，为振兴中华而赴汤蹈火："黄花岗七十二烈士"之一的林觉民更是以一封《与妻书》感动了历代的读者，他诀别爱妻，舍小家，为的就是不忍再见苍生受苦，所以明知赴死，还是走得那么毅然绝然。

历史的车轮不会倒退。回顾历史，21 世纪的我们应该从"心

系苍生”的古老传统中继承先贤们的无私与宽广，在“为人民服务”中，继续创造更为辉煌的伟业。

　　提到于维汉这个名字，今天的很多人可能并不熟悉，但在整个国际心肌学界，在五十年前的东北、西北农村克山病区，几乎没有人不知道他的名字，也没有人不知道他的故事。他用了半个世纪的时间，走遍了黑龙江的每个重症村庄，辗转于辽宁、吉林等 16 个省份调查研究、治病讲学，终于战胜了一种曾经无人了解，威胁着一亿多人健康的流行疾病——克山病，并因此成为新中国医学界的第一个工程院院士。

　　于维汉，大连人，出身书香门第，毕业于伪满洲国的医科大学。新中国成立后，身为医学院教授的他仍然保留着很多城市知识分子的爱好，喜欢古典音乐，喜欢喝咖啡，衣着一贯非常整洁。当然，这是他在学校教书时给学生们的印象。一旦深入病区，他就像是完全换了一个人，和农村那些最纯朴的人别无二致。因为在他面前，什么没有患者的生命重要，而这些患者多数都是偏远贫困地区的农民，所以他就让自己成了他们中的一分子，痛他们所痛，想他们所想。他的这种对农民、对弱势群体平等的关爱与执着的奉献，总能带给人最强烈的震撼。

　　今天我们不了解克山病，理应感谢于维汉和如他一样辛勤工作的医疗工作者们。但这种疾病却曾经在我国北方肆虐几十年；发病高峰期，在黑龙江省一年就有上千人因患此病而失去生命。这种病最早发现于 1935 年的黑龙江省克山县，病因不明，但发病人数多，死亡率高，急性患者往往在几小时至一两日内死亡。严重的地方，一个冬天一个村里就有几十人死亡。因当时在克山县突发，这种病就被称为克山病。事实上，这种病不独在克山，在我国东北、华北等 16 个省 300 多个县的部分农村都有发生，涉及病区人口 1.24 亿。伪满洲国时的日本医生以为这是一种严重的传染病，都不敢轻易接触患者。新中国成立后，政府多次派医疗团队前去，也都无功而返。1953 年，上级决定由哈尔滨医科大学组织一批医学专家，去克山县治病救人，攻克难关。面对不明的病情和艰苦的工作环境，于维汉毫不推辞，直接奔赴病区，在攻关第一线一干就是 30 多年。由于克山病主要发病期都是在冬季，所以他有 20 多个春节都是在病区度过的。

哈医大二院的关振中教授曾经是于维汉的学生，跟随于老师在病区工作多年，据他回忆说，为了给百姓治病，于老师什么都豁得出去。患者出现呼吸困难，别人都怕，但他毫不犹豫地就口对口做人工呼吸。患者多，发病急，一旦得知病情，他立刻就背上心电机和小型光机，冒着刺骨的寒风赶过去。由于经常在各村屯抢救病人，也为了节省时间，很多时候他几天回不了驻地，赶到哪里就住在哪里。他是真心把农民当作自己的朋友，有患者去世了，他也总是出现在送葬的队伍中。他给病人看病，从没嫌过脏，没嫌过累；不管卫生状况如何，他上炕就坐，不管孩子有没有鼻涕，拉过来就抱在怀里。因此他被乡亲们亲切地称为"百姓的教授"、"百姓的好医生"。长期的劳累，让他先后患上了肝炎、胃溃疡、角膜软化症。即使这样，组织上送给他的药品和食品他却一点都不舍得用，都毫无保留地送给了困难群众。正是这样的所作所为，让于维汉与

病区人民结下了深厚的友谊。

于维汉知道，要战胜一种疾病，只是不怕苦还不够，还要真正摸清规律。没有任何资料的他决定首先从接触病人、掌握病情、积累资料做起。为此他在病区先后诊治了6000多名患者。1964年起，又在黑龙江省富裕县建起了克山病防治观测站，对1.6万人做了22年的综合性研究。在和同事们几十年如一日的努力下，他终于找到了合适的治疗方案，使患病者的治愈率达到95％以上。改革开放之后，他继续研究，直到发现病因，并提出"营养说"。自20世纪90年代中期以来，克山病几乎从人们的视野中消失了，再也没有大规模发生。

人们常说"医者仁心"，我想于维汉就是其中最典型的代表了。唐代的孙思邈在《大医精诚》中曾说，"凡大医治病，必当安神定志，无欲无求，先发大慈恻隐之心，誓愿普救含灵之苦。若有疾厄来求救者，不得问其贵贱贫富，长幼妍媸，怨亲善友，华夷愚智，普同一等，皆如至亲之想，亦不得瞻前顾后，自虑吉凶，护惜身命。见彼苦恼，若己有之，深心凄怆，勿避险巇，昼夜、寒暑、饥渴、疲劳，一心赴救，无作功夫形迹之心。如此，可为苍生大医……"这段话虽然写在1000多年前，却彰显了于维汉"心系苍生"的崇高境界。

1. 阅读完本单元的故事，你能说说古代帝王、士大夫和近现代革命者心目中的"苍生"有何异同吗？

2. 在当代中国，你还能举出哪些"心系苍生"的典型人物和典型事迹？

3. 有人认为，"心系苍生"的理想太空了，只要做好自己的事就可以了；有人认为，现代民主政治的前提是基于个人主义的；还有人认为，对于个人价值的追求与为"天下苍生"谋永福之间并无矛盾，对此，你有什么看法？

第五章 公共情怀

一 子产不毁乡校

【原文选读】

郑人游于乡校①，以议执政②。然明谓子产曰："毁乡校，何如？"子产曰："何为？夫人朝夕退③而游焉，以议执政之善否④。其所善者，吾则行之；其所恶者，吾则改之。是吾师也，若之何毁之？我闻忠善⑤以损怨⑥，不闻作威⑦以防怨。岂不遽止，然犹防川⑧，大决⑨所犯，伤人必多，吾不克⑩救也。不如小决使道⑪。不如吾闻而药之⑫也。"然明曰："蔑⑬也今而后知吾子之信⑭可事也。小人实不才，若果行此，其郑国实赖之，岂惟二三臣？"

（选自春秋·左丘明《左传·襄公三十一年》）

注释：

①乡校：古时乡间的公共场所。

②执政：掌握国家政权者。

③退：本意返回，这里指工作完毕后回来。

④善否：好不好。

⑤忠善：忠于为善。

⑥损怨：减少人们心中的怨恨。

⑦作威：利用权威。

⑧防川：防止河水溃堤。

⑨大决：堵塞河流最终必将造成大缺口。

⑩克：能够。

⑪道：通"导"，疏通。

⑫药之：以之为药。

⑬蔑：是然明的又一个称呼。

⑭信：确实。

【文意疏通】

郑国人在乡校里游玩聚会，议论执政者施政措施的好坏。郑国大夫然明对子产说："毁了乡校怎么样？"子产说："为什么要毁掉呢？人们在早上或者晚上事情完成的时候，到那里交游聚会，来议论施政措施的好坏。他们认为好的，我们就推行它；他们所厌恶的，我们就改掉它。这些正是我的老师。为什么要毁掉它呢？我听说忠于为善，能减少怨恨，没有听说依靠权威能防止怨恨。靠权威来堵塞难道能很快制止议论？就像堵塞河水一样，河水大规模决堤所造成的损害，伤害的人必定很多，我是不能挽救的。不如开个小口子予以疏通，不如让我听到这些意见而作为治病良药。"然明说：

"我从现在起才知道您确实是可以成大事的。小人实在没有才能，如果真的这么做下去，确实对郑国有利，岂只是我们这二三位大臣？"

【义理揭示】

郑国人茶余饭后在公共场所议论评价朝廷的施政好坏，表明了郑国人充满着公共情怀，对公共问题保持高度的关切。同一件事，执不同立场的人们观点自然不同，有批评的声音自然也是正常的。哪怕动机是好的，也说不定会有人批评，所以对不善执政的官员来说，舆论几乎是一种无法承受的压力。然而对于子产来说，百姓的批评既可以帮助其宣泄累积起来的怨恨，又能够成为衡量政策好坏的标准，那为什么还要禁止呢？看来，对公共问题的关切，既需要广大民众的公共热情，也需要政府官员抱以积极的态度。

二 孔子论为善政

【原文选读】

（一）

子曰："道①之以政，齐②之以刑，民免③而无耻④；道之以德，齐之以礼，有耻且格⑤。"

（选自《论语·为政》）

（二）

樊迟问仁。子曰："爱人。"问知。子曰："知人。"樊迟未达⑥。子曰："举直错诸枉，能使枉者直⑦。"樊迟退，见子夏，曰：

"乡⑧也，吾见于夫子而问知，子曰：'举直错诸枉，能使枉者直。'何谓也？"子夏曰："富⑨哉言乎！舜有天下，选于众，举皋陶⑩，不仁者远矣。汤有天下，选于众，举伊尹⑪，不仁者远矣。"

（选自《论语·颜渊》）

注释：

①道：通"导"，治理，引导。

②齐：整治，约束。

③免：避免犯错误。

④无耻：没有耻辱的观念。

⑤格：改正。

⑥未达：不明白。

⑦举直错诸枉，能使枉者直：比喻让正直的人官居高位，能使不正直的人变正直。枉，弯曲。

⑧乡：通"向"，刚才。

⑨富：形容孔子之言含意丰富。

⑩皋陶（gāo yáo）：是舜禹时期的贤臣，曾经被任命为掌管刑法的"理官"，以正直闻名。

⑪伊尹：辅佐商汤建立商朝，是著名贤相。

【文意疏通】

（一）

孔子说："如果以强权手段的行政权力、政策法令来管理一个国家，使其子民随顺，以压服的方式采用强硬的刑罚来约束，使之达到所谓的'安分守己'，只不过是让人隐藏了一颗不知羞耻的心。如果用道德来加以引导百姓，用礼仪来规范百姓，那么人人都会做

到勇于知耻，且能在日常生活中随时剔除自己的不良习惯，进而长期保持不变。"

（二）

　　有天樊迟去问夫子"仁"的意思，孔子说："爱人。"樊迟不太明白，又问什么是"知"，孔子说："懂人。"樊迟不语。孔子说："举直材压于弯的木材之上，能使弯的木材变直。"樊迟不太明白又不敢去问，出来遇见子夏，说："刚才我去问夫子什么是'仁'，夫子回答说'爱人'，我不明白，又问什么是'知'，夫子说：'举直材压于弯的木材之上，能使弯的木材变直。'是什么意思啊？"子夏说："啊，我们的老师太伟大了，这句话包含的含意太丰富了！当年舜治理天下，在众人中选举了皋陶，那些不仁的人便远离了。汤治理天下，在众人中选举了伊尹，那些不仁的人也就远离了。"

【义理揭示】

　　如何治理国家？孔子对这样一个公共问题表示了自己的关切：一个国家，光靠政令和刑罚手段是不行的，用道德来约束才是直指人心的必不可少的手段。几千年的中国社会，一直是德、法并举，恐怕与接纳了孔子的"有耻且格"主张有关。选拔人才也是一样，一定要选拔品性正直之人，重用他们就能让君主远离小人。看来在孔子的思想里道德始终处于核心地位，因此修身也就成了齐家、治国、平天下的大前提。

三 轮扁难传斫轮

【原文选读】

桓公读书于堂上。轮扁斫①轮于堂下，释②椎凿③而上，问桓公曰："敢问公之所读者，何言邪？"

公曰："圣人之言也。"

曰："圣人在乎？"

公曰："已死矣。"

曰："然则君之所读者，古人之糟魄④已夫！"

桓公曰："寡人读书，轮人安得议乎！有说⑤则可，无说则死。"

轮扁曰："臣也以臣之事观之。斫轮，徐⑥则甘⑦而不固，疾则苦⑧而不入⑨，不徐不疾，得之于手⑩而应于心，口不能言，有数⑪存乎其间。臣不能以喻⑫臣之子，臣之子亦不能受之于臣，是以行年七十而老斫轮。古之人与其不可传⑬也死矣，然则君之所读者，古人之糟魄已夫！"

（选自《庄子·天道》）

注释：

①斫（zhuó）：砍削。

②释：放下。

③椎凿：造车工具。

④古人之糟魄已夫：是古人留下的思想糟粕了。魄，通"粕"。已夫，句末语气词。

⑤说：理由。

⑥徐：缓慢。

⑦甘：润滑，这里指松弛。

⑧苦：滞涩。

⑨不入：安装不进去。

⑩得之于手：手上懂得该如何做。

⑪数：技艺。

⑫喻：讲明白。

⑬古之人与其不可传：古人和他们那些无法传授给人的思想。

【文意疏通】

　　齐桓公坐在堂上读书。轮扁在堂下砍削木头造车轮，他放下工具走到堂上，问齐桓公说："请问，您读的书里都说了些什么呢？"

　　桓公答道："是圣人之言。"

　　问："圣人还活着吗？"

　　回答说："已经死了。"

　　轮扁说："那么您所读的，是古人的糟粕了！"

　　桓公生气地说："我在这里读书，做轮子的匠人怎么可以随便议论呢！说得出道理来则罢，说不出道理就要你的命。"

　　轮扁从容地回答说："我从我所从事的工作来考察它。砍削车轮，活做得太慢，卯起来就松弛而不牢固；活做得太快了，又会因卯太紧而安不进去。不慢不快，得心应手，用语言无法表达，却有技巧存在于其间。这种技巧我不能用语言直接传授给我的儿子，我的儿子也不能靠我口传直接学到，因此到了70岁我还在砍轮。古人和他们那些不能用语言传给后人的技巧都一起埋没了，那么您所读的东西，不正是古人的糟粕吗？"

【义理揭示】

如何认识事物的本质？对于这样一个公共问题，世人以为从书本上都可以找到答案，但庄子却对这样的问题发表了自己的看法。他认为书本有它的可贵之处，但真正要获得事物最真实的本质，离不开当下的实践，因为只有通过实践才能够意会事物最真实的本质，特别是那些难以言传的事物最真实的本质。从这个意义上说，唯书是不够的，更要重视实践。"轮扁斫轮"的故事，就是庄子用来表达对"如何认识事物"这样一个公共问题的看法。

四 荀息喻以累卵

【原文选读】

晋灵公造九层之台，费用千金，谓左右曰："敢有谏者，斩！"荀息闻之，上书求见。灵公张弩持矢①见之。曰："臣不敢谏也。臣能累十二博棋②，加九鸡子其上。"公曰："子为寡人作之。"荀息正颜色③，定志意，以棋子置下，加九鸡子其上，左右惧，慑息④，灵公气息不续。公曰："危哉！危哉！"荀息曰："不危⑤也，复有危于此者。"公曰："愿见之。"荀息曰："九层之台，三年不成，男不耕，女不织，国用空虚，邻国谋议将兴⑥，社稷亡灭，君欲何望？"灵公曰："寡人之过也，乃至于此！"即坏九层台也。

（选自西汉·刘向《说苑》）

注释：

①张弩持矢：箭搭在弦上，拉开弓随时准备射出。

②累十二博棋：累积起十二个棋子。

③颜色：脸部神情。

④慑（shè）息：因害怕而屏住了呼吸。

⑤不危：这种危险算不上危险。

⑥谋议将兴：侵略的计划将要实施。

【文意疏通】

　　春秋时期，晋国的国君晋灵公建造一座九层的高台供自己享乐，花费非常大，并对身边的人说："谁若敢来劝阻，我就砍掉他的脑袋！"荀息听说了此事，就上书请求召见。晋灵公以为他是来劝说自己的，就把箭搭在弓上，随时准备射死他。没想到荀息却说："我不是来劝阻您建造高台的。我是想来请您看看我的本领的，我能够把十二个棋子堆起来，并且在上面再加九个鸡蛋。"晋灵公很感兴趣，就说："快做给我瞧瞧！"荀息凝神屏息，平静心神，就把棋子摆在桌子上，又把九个鸡蛋慢慢搁上去，鸡蛋在棋子上面颤颤悠悠。旁边的人都很害怕鸡蛋会掉下来，全都屏住了呼吸。晋灵公也好长时间不敢出气，后来禁不住喊道："危险啊，危险啊！"荀息这时才说："这个不算危险，还有比这个更加危险的呢！"晋灵公以为他还要表演什么，忙说："让我看看！"荀息说："建造九层的高台，大概花三年的时间也造不完，弄得男人不能去种地，女子不能去织布，国库必然要空虚。那么别的国家就会趁机来攻打我们，那国家就要灭亡了，你还想要看什么呢？"晋灵公听了他的话，觉得有道理，说："这是我的过错，竟然像这样危险啊！"于是下令停建高台。

【义理揭示】

晋灵公不顾百姓的生活,不顾国防的安全,竟然花费巨资要建筑九层之台,并一再强调对反对者格杀勿论。荀息冒着"张弩持矢"的危险,凭借"危如累卵"的游戏说服晋灵公放弃建造九层之台。看来对公共问题倾注关切,既需要勇于应对,又需要善于应对啊!

五 漆室女忧君老

【原文选读】

漆室女者,鲁漆室邑之女也,过时未适人①。当穆公②时,君老,太子幼,女倚柱而啸,旁人闻之,莫不为之惨者。其邻人妇从之游,谓曰:"何啸之悲也?子欲嫁耶?吾为子求偶。"漆室女曰:"嗟乎!始吾以子为有知,今无识也。吾岂为不嫁不乐而悲哉!吾忧鲁君老,太子幼。"邻妇笑曰:"此乃鲁大夫之忧,妇人何与焉③!"漆室女曰:"不然,非子所知也。昔晋客舍④吾家,系马园中,马佚⑤驰走,践吾葵,使我终岁不食葵。邻人女奔⑥,随人亡,其家倩⑦吾兄行追之。逢霖水出,溺流而死,令吾终身无兄。吾闻河润九里,渐洳三百步⑧。今鲁君老悖,太子少愚,愚伪日起。夫鲁国有患者,君臣父子皆被⑨其辱,祸及众庶,妇人独安所避乎!吾甚忧之。子乃曰妇人无与者,何哉!"邻妇谢曰:"子之所虑,非妾所及。"三年,鲁果乱,齐楚攻之,鲁连有寇,男子战斗,妇人转输⑩,不得休息。君子曰:"远矣,漆室女之思也!"

(选自西汉·刘向《列女传》)

注释：

①过时未适人：过了合适的年龄没有嫁人。适，女子出嫁。

②穆公：死于公元前376年，与孔子之孙孔及（孔伋，字子思）同时。

③妇人何与焉：女人参与什么呢？

④舍：住在。

⑤佚：通"逸"，逃跑。

⑥女奔：和人私奔。

⑦倩（qiàn）：请，让。

⑧渐洳（rú）三百步：浸湿离河三百步远的地方。

⑨被：遭受。

⑩转输：运输。

【文意疏通】

漆室女是鲁国漆室邑这个地方的女子，过了出嫁的年龄还没有嫁人。有一天，漆室女靠着柱子长啸，在旁的人听到这悲愤的啸声，没有一个不为之感伤的。邻居家有个妇女对她说："你的啸声听起来为什么这样悲伤？你是想出嫁了吗？我给你找个好丈夫。"漆室女说道："唉！我担忧的是鲁君已老、太子太小的事啊！"邻妇笑着说："这是鲁国大夫该操心的国家大事，和我们妇女有什么关系呢？"漆室女说："其实不是这样啊。以前晋国有个客人住在我家，把马拴在菜园里，不料马脱缰逃跑了，将菜园里的葵菜全都践踏死了，使我家一年到头吃不到葵菜。邻居有个女子跟人私奔了，她的家人请求我哥哥帮忙追赶她，那个时候恰逢发洪水，我哥哥被淹死了，让我再也看不到哥哥了。现在鲁君年老昏庸，太子年幼无知，做的傻事、错事一天比一天多。假如鲁国一旦有了什么灾祸，

君臣也好，父子也好，都会遭到耻辱，还会祸及百姓，我们妇女能独自平安地逃过吗？我正担忧此事。"邻家妇女听了之后为刚才的质疑道歉说："你所考虑的事如此长远，完全不是我所能想到的。"三年之后，鲁国果然有了内乱。齐国和楚国都来攻打鲁国，鲁国国内也接连有战祸，男人们忙着战斗，女人们忙着运输物资，都不能够休息。君子说："漆室女真是深谋远虑啊！"

【义理揭示】

人们常说"天下兴亡，匹夫有责"，可具体落实到现实生活中，人们却觉得国家治理得好不好与普通百姓关系不大。而身为女人，更是嫁得好比什么都重要。但这些无疑都是片面的结论，也是目光短浅的借口。国家治理得好，个人才有幸运可言；国家衰败，其中的每个人都难脱干系。所以对于国家大事，普通百姓也不能总是漠然视之。

六 孟子力驳许由

【原文选读】

陈相见孟子，道许行之言曰："滕君，则诚贤君也；虽然未闻道也。贤者与民并耕而食，饔飧①而治。今也滕有仓廪府库，则是厉②民而以自养也，恶得贤？"

孟子曰："许子必种粟而后食乎？"曰："然。"

"许子必织布然后衣乎？"曰："否，许子衣褐。"

"许子冠乎？"曰："冠。"

曰："奚冠？"曰："冠素③。"

曰："自织之与？"曰："否，以粟易之。"

曰："许子奚为不自织？"曰："害④于耕。"

曰："许子以釜甑爨⑤，以铁耕否？"曰："然。"

"自为之与？"曰："否，以粟易之。"

"以粟易械器者，不为厉陶冶⑥；陶冶亦以械器易粟者，岂为厉农夫哉？且许子何不为陶冶，舍皆取诸其宫⑦中而用之，何为纷纷然与百工交易？何许子之不惮烦？"曰："百工之事，固不可耕且为也。"

"然则治天下独可耕且为与？有大人之事，有小人之事。且一人之身而百工之所为备，如必自为而后用之，是率天下而路⑧也。故曰：或劳心，或劳力。劳心者治人，劳力者治于人⑨；治于人者食人⑩，治人者食于人；天下之通义也。

"从许子之道，则市贾不贰⑪，国中无伪；虽使五尺之童适市，莫之或欺。布帛长短同，则贾相若⑫；麻缕、丝絮轻重同，则贾相若；五谷多寡同，则贾相若；屦⑬大小同，则贾相若。"

曰："夫物之不齐⑭，物之情也；或相倍蓰，或相什百⑮，或相千万。子比而同之，是乱天下也。巨屦小屦⑯同贾，人岂为之哉？从许子之道，相率而为伪者也，恶能治国家？"

（选自《孟子·滕文公上》）

注释：

①饔飧（sūn）：指自己煮饭。

②厉：此处是剥削的意思。

③素：白色的生绢。

④害：妨碍。

⑤以釜甑（zèng）爨（cuàn）：用铁锅煮饭。爨，生火做饭。

⑥陶冶：制陶、冶铁的工匠。

⑦宫：指居室。

⑧路：疲于奔命。

⑨治于人：被人治理。

⑩食（sì）人：供养别人。食，供养。

⑪市贾（jià）不贰：市场的物价不会有两样。贾，通"价"，价格。

⑫若：一样。

⑬屦（jù）：草鞋。

⑭不齐：不整齐划一。

⑮或相倍蓰（xǐ），或相什百：有的相差两倍、五倍，有的相差十倍、百倍。倍，一倍。蓰，五倍。

⑯巨屦小屦：做工粗糙的鞋和做工细致的鞋。

【文意疏通】

陈相见到了孟子，转述许行的话说："滕文公倒确实是贤明的君主；虽然如此，但他还不懂得（贤君治国的）大道理。真正贤明的君主与人民一起耕作养活自己，一边烧火做饭，一边治理天下。现在，滕国有堆满粮食钱财的仓库，这是靠侵害百姓来供养自己，哪能称得上贤明呢？"

孟子问："许子一定是自己种了粮食才吃饭的吗？"陈相说："是的。"

孟子问："许子一定是自己织了布才穿衣的吗？"答道："不是，许子穿粗麻编织的衣服。"

孟子问："许子戴帽子吗？"答道："戴。"

孟子问："戴什么样的帽子?"答道："戴生丝织的帽子。"

孟子问："自己织的吗?"答道："不是,是用粮食换来的。"

孟子问："许子为什么不自己织呢?"答道："会妨碍农活。"

孟子又问："许子用锅、甑烧饭,用铁农具耕田吗?"答道："是的。"

孟子问："自己造的吗?"答道："不是,用粮食换来的。"

孟子说："农夫拿粮食交换(生活、生产所需的)器具,不算是侵害陶工冶匠;陶工冶匠也拿他们的器具交换粮食,难道就是侵害了农夫的利益了吗?再说,许子为什么不自己制陶冶铁,停止交换,样样东西都从自家屋里取来用?为什么要忙忙碌碌同各种工匠交换呢?为什么许子这样不怕麻烦呢?"陈相答道："各种工匠的活计本来就不可能边耕作边干的。"孟子说："既然是这样的道理,那么治理天下的事是能边耕作边干的吗?有官吏们的事,有百姓们的事。再说一个人身上所需的用品要靠各种工匠来替他制备,如果一定要自己制作而后使用,这是带着天下的人疲于奔命。所以说:有些人动用脑力,有些人动用体力。动用脑力的人治理别人,动用体力的人被人治理;被人治理的人供养别人,治理人的人靠别人供养。这是天下通行的道理。"

陈相说："可如果依照许子的学说执行,那么市场上物价就不会有两样,国中就没有弄虚作假的;哪怕叫小孩上市场买东西,也不会有人欺骗他。布和绸长短相同,价钱就一样;麻线丝绵轻重相同,价钱就一样;各种粮食多少相同,价钱就一样;鞋子大小相同,价钱就一样。"

孟子说："物品千差万别,这不过是客观情形。它们的价值有的相差一倍、五倍,有的相差十倍、百倍,有的相差千倍、万倍。

你把它们放在一起等同看待，这是扰乱天下罢了。做工粗糙的鞋与做工精细的鞋同一个价钱，人们难道还肯做做工好的鞋吗？依从了许子的主张，便会使大家一个跟着一个地干虚假欺骗的勾当，哪还能治理好国家？"

【义理揭示】

选文记载的是孟子与农家学派的代表人物论战的内容。无论是孟子还是农家学派的代表人物，他们都对公共问题有着自己的独立思考。农家学派的主张貌似在强调绝对平等，实际却是反对社会分工，要求退回到原始状态的社会中去。孟子从进化论的角度，强调了社会分工的合理性，阐述了劳力和劳心、统治者与被统治者的区别问题。当然这种对于分工的理解也在一定程度上掩盖了客观存在的社会等级差别。

七 荀子顺应自然

【原文选读】

天行有常①，不为尧存，不为桀亡。应②之以治③则吉，应之以乱④则凶。强本⑤而节用，则天不能贫；养备而动时⑥，则天不能病⑦；循道而不贰⑧，则天不能祸。故水旱不能使之饥，寒暑不能使之疾，妖怪⑨不能使之凶。本荒⑩而用侈，则天不能使之富；养略而动罕⑪，则天不能使之全；倍⑫道而妄行，则天不能使之吉。故水旱未至而饥，寒暑未薄⑬而疾，妖怪未至而凶。

（选自《荀子·天论》）

注释：

　　①常：不变的法则。

　　②应：适应，对待。

　　③治：合理的措施。

　　④乱：不合理的措施。

　　⑤本：农业生产。

　　⑥养备而动时：供养齐备、衣食充足而且行动按照时节。

　　⑦病：使……贫苦。

　　⑧不贰：专一，坚定不移。

　　⑨妖怪：怪异、反常的事物与现象。

　　⑩荒：荒废。

　　⑪养略而动罕：衣食供应不足而行动又违背时机。略，少。

　　⑫倍：通"背"，违背。

　　⑬薄：逼近。

【文意疏通】

　　自然界的运行有一定的规律，不会由于尧之仁爱而存在，也不会由于桀之残暴而消亡。用合理的措施来应对它就吉利，用不合理的措施来应对它就会有凶险。加强农业生产而节约用度，这样老天就不会让他贫困。衣食准备充足而让民众按季节劳作，这样老天就不会使其困苦。顺应正道而不犯错误，这样老天就不会降祸于他。所以水涝干旱不能使之饥渴，四季冷热的变化不能使其生病，自然灾害也不能使之凶险。荒废农业生产而用度奢侈，那么天也不能使之富有；储备短缺而行动逆时，那么天也不能使之周全；违背正道而胡作非为，那么天也不能使之吉祥。所以水灾旱灾还没来就闹饥荒了，冷热的变化还没近身就生病了，自然灾害还没产生就有了凶险。

【义理揭示】

在荀子看来，"天"是客观存在的自然界，日月星辰，山川草木，阴阳风雨，四时变化，都同属于这个物质世界。自然界的变化不是杂乱无章的，而是有其固定的运动规律。同时自然界的运动变化和人的活动没有什么关系，社会是清明富足还是动乱不堪，则是人事的结果。人只要按照社会和自然的规律做好该做的事情就好了。

荀子的这种思想，否定了当时的各种迷信，把社会的责任真正地放在了"人"的肩上，这在当时具有很强的进步意义。

八 韩非自知知人

【原文选读】

(一)

楚庄王欲伐越，杜子谏曰："王之伐越，何也?"曰："政乱兵弱。"杜子曰："臣患智之如目①也，能见百步之外而不能自见其睫。王之兵自败于秦、晋，丧地数百里，此兵之弱也；庄蹻②为盗于境内而吏不能禁，此政之乱也。王之弱乱，非越之下也，而欲伐越，此智之如目也。"王乃止。

(选自《韩非子·喻老》)

（二）

　　宋有富人，天雨③墙坏。其子曰："不筑④，必将有盗。"其邻人之父亦云。暮而果大亡⑤其财，其家甚智⑥其子，而疑邻人之父。

（选自《韩非子·说难》）

注释：

　　①智之如目：您的智慧就像眼睛一样。

　　②庄蹻（qiāo）：是战国时楚国将军，后来反楚。因与楚庄王不同时，所以必当另有其人。

　　③雨（yù）：下雨。

　　④筑：修补。

　　⑤亡：丢失。

　　⑥智：认为……聪明。

【文意疏通】

（一）

　　楚庄王准备进攻越国。有一天，大臣杜子来见楚庄王，说："大王，您决定征伐越国，是什么原因呢？"楚庄王说："现在越国国家管理很混乱，军队也十分软弱。"杜子说："我担心您的智慧就像是人的眼睛一样啊，能看清百步之外的东西，却看不见自己的眼睫毛。您的军队被秦国、晋国所打败，失掉了方圆几百里的土地，这是楚国军队软弱的表现；庄蹻在境内横行作乱，官吏们却制止不了他，这是国家管理得极为混乱。因此我看楚国的软弱和混乱并不在越国之下啊，可您却想讨伐越国，这就是说您的智慧就像眼睛看不见睫毛一样啊。"楚庄王于是取消了讨伐越国的计划。

（二）

宋国有个富人，因下大雨，他家的墙被雨水冲坏了。他儿子说："如果不赶紧修好它，一定会有盗贼进来。"他家隔壁的老人也这么说。这天晚上果然丢失了大量财物，那家人认为自己的儿子很聪明，但却怀疑是隔壁那个老人偷了他们家的财物。

【义理揭示】

由于个人的立场不同，对于同一公共问题的关注，不同人也会产生不同的认识。《韩非子》中这两则小故事揭示了一个哲理性的问题——了解事物的困难，不在于认识别人，而在于认识自己。老子也曾说，"能够认识自己就叫作明察"，然而要想做到明察就要克服很多的主观因素。在前一则故事中楚庄王就只看到了对方的缺点，却看不到自己的缺点，还好他借助了别人的眼才认识到了自身的不足。后一则故事中的富人受亲疏关系的影响，对待同一件事却态度迥异，显然是出于已有的成见。俗话说"耳听为虚，眼见为实"，但要真正了解问题的真相，需要克服的因素还有很多。

九 范缜神灭论

【原文选读】

子良笃好释氏[①]，招致名僧，讲论佛法，道俗之盛，江左未有。或亲为众僧赋食、行水[②]，世颇以为失宰相体。

范缜盛称[③]无佛。子良曰："君不信因果，何得有富贵、贫贱[④]？"缜曰："人生如树花同发，随风而散：或拂帘幌坠茵席[⑤]之

上，或关篱墙落粪溷⑥之中。坠茵席者，殿下是也，落粪溷者，下官是也。贵贱虽复殊途，因果竟在何处！"子良无以难。缜又著《神灭论》，以为："形者神之质，神者形之用也⑦。神之于形，犹利之于刀⑧；未闻刀没而利存，岂容形亡而神在哉！"此论出，朝野喧哗，难之⑨终不能屈。太原王琰著论讥缜曰："呜呼范子！曾不知其先祖神灵所在！"欲以杜⑩缜后对。缜对曰："呜呼王子！知其先祖神灵所在而不能杀身以从之！"

（选自北宋·司马光《资治通鉴·第一百三十六卷》）

注释：

①子良笃好释氏：萧子良特别喜好佛学。萧子良，南朝齐时的重臣。释氏，佛学。

②赋食、行水：布散饮食和以水洁身。赋，通"敷"。行水，用水洁身以祈佛。

③盛称：极力宣扬。

④君不信因果，何得有富贵、贫贱：你不相信因果报应的观点，那么世上的人为什么会有富贵、贫贱的差别呢？

⑤拂帘幌坠茵席：吹过帘幕落到了褥垫上。

⑥关篱墙落粪溷：没能飞过篱笆掉在粪坑里。

⑦形者神之质，神者形之用也：形体是精神的本质，精神则是形体的表现和产物。

⑧犹利之于刀：就像是锋利这个概念与刀的关系。

⑨难之：诘难，质疑。

⑩杜：堵住，关闭。

【文意疏通】

萧子良笃信佛教，他请来许多高僧，一起谈论佛法，佛教的盛行，在江南一带还从来没有过。有时，萧子良还亲自给和尚们布施饮食，用水洁身，世上都认为他有失宰相体统。

范缜极力宣扬世上没有佛。萧子良却说："如果你不相信因果报应，那么世上的人为什么会有贫贱、富贵之差别？"范缜说："人生在世，就像树上的花朵一样，同时生长又都随风飘散，有的掠过帘幕落到了褥垫上，有的在篱笆围墙里落进了粪坑。落到褥垫上的好比是殿下您，落到粪坑里的就是下官我了。虽然我们之间贵贱迥异，但因果报应究竟在何处呢？"萧子良听后，无言以对。范缜又写了《神灭论》，他认为："形体是精神的本质，精神则是形体的表现和产物。精神对于形体来说，就好像锋刃的锋利与刀，从未听说有刀失而刃在的道理，那么怎么会有形体消亡了而精神却还存在的事情呢？"这一理论一提出，朝廷上下一片哗然，屡加诘难，最终也没能使范缜屈服。太原人王琰写文章讥讽范缜说："呜呼范子！竟然不知道他祖先的神灵在什么地方？"王琰想以此堵住范缜的嘴。没想到范缜却回答他说："呜呼王子！知道他祖先的神灵在什么地方，却不肯自杀追随祖先而去！"

【义理揭示】

南朝齐时，佛法盛行，萧子良只是笃信佛教的信徒之一，而且范缜曾经追随萧子良一段时间。但他对问题显然有自己的思考，"利与刀"的类比使用得非常贴切，以至于后来的皇帝动员京城六十多位知识分子轮番与他辩论，最终也没有说服他。可见，在公共问题上，并非多数人的观点就是真理，只有经得起推敲和辩论的观

点才是真理，所谓"真理越辩越明"，就是这个道理。

✚ 顾炎武[1]匹夫有责

【原文选读】

　　有亡国，有亡天下。亡国与亡天下奚辨[2]？曰：易姓改号，谓之亡国；仁义充塞[3]，而至于率兽食人，人将相食[4]，谓之亡天下。

　　知保天下，然后知保其国。保国者，其君其臣肉食者[5]谋之；保天下者，匹夫之贱与有责焉[6]耳矣。

　　　　　　　　　　　　（选自清·顾炎武《日知录·正始》）

注释：

　　①顾炎武：明末清初思想家，与黄宗羲、王夫之并称为明末清初三大儒。

　　②奚辨：怎么区别。

　　③仁义充塞：仁义的路途被堵塞。

　　④率兽食人，人将相食：意思是说社会伦理道德沦丧，进入了极为混乱的状况。

　　⑤肉食者：古代高官厚爵者以食肉为常，故用"肉食者"称享有厚禄的官员。

　　⑥与有责焉：也参与其中负有责任。

【文意疏通】

　　自古以来，就有所谓亡国的事，也有所谓亡天下的事。那么如何区分亡国和亡天下呢？那就是：易姓改号叫作亡国；仁义的道路被阻塞，以至于出现禽兽吃人，人与人之间也是你死我活，这就是所谓亡天下了。

首先要知道保有天下，然后才能懂得保有国家。保国家，是君王和臣子们应该考虑的问题；而保天下，即使是地位低贱的普通百姓也都有责任啊。

【义理揭示】

顾炎武是位富有民族意识的忠义之士，又是大学问家。满清入关，对汉族知识分子又是一场道德节操的考验，顾炎武发誓不做清朝的官已为人称道，见复明无望，又把自己经世致用的思想写入他的学术著作。在他的这两段文字中，"国"的含义与今天是不同的，今天的"国"是国民的"国"，而他文中的"国"则是君王的"国"。正因为如此，才可以留给肉食者谋。而"天下"的概念更接近今天的"社会"，社会的仁义道德维护得好不好，人们的生活怎么样，则是与社会中的每个人都息息相关的，因此即使地位低贱的普通百姓，身上也肩负着相同的责任。

文化倾听

人们生活在社会中，但社会中的人们并不是像沙堆中的沙子那样简单地堆积在一起，他们绝非是孤立排列的原子个体，而是相互间具有复杂的联系，即一个人的生存，同时又构成了他人生存的环境和不可缺少的背景，而且又在各种制度、传统和风俗习惯的规约下，有序地共同生活在一起。共同生活在一起的人们，必然会有共同面对的问题，会有共同处理的事务。这些问题和事务，需要共同生活的人们共同参与才能够解决，于是就有了我们所说的公共问题，就有了思想家所说的共同领域。在我们的社会生活中，正是对公共问题和公共领域的思考将人们从心灵上真正联系起来，使人们不至于成为原子式的个体，而是成为社会中的人。一个社会成员理应具有对公共问题、公共领域充满关切之心，即人的公共情怀。

公共情怀是一个现代词汇，但它并非是现代人的专利，它与中华传统文化存在着深层次的渊源。作为一种文化情怀，公共情怀不但体现在士大夫和一般的读书人身上，也体现在百姓的自发行动上。他们既关注思想方法、国家治理，也关注人生意义、生命价值，还关注社会生活、为人处世等各个方面，可以说是包含了人类社会生活的所有公共领域。

这种关注首先表现为对国家治理与社会治理的思考。《子产不毁乡校》记载："郑人游于乡校，以议执政。"有人对此很是反感，就向子产建议禁毁乡校。子产没有采纳这个建议，他认为应该给人们议政的权利，只有这样，统治者才能够真正了解民情。孔子则强调以"德"、"礼"治国，把君子的个人修养方法推广到国家治理上来，从而为孟子提出"王道"奠定了基础。孟子基于社会分工的基本原则，力驳许行的观点，为的也是更有效地治理国家。而荀息委婉进谏，也是想要努力达到去除时弊，减轻百姓负担的效果的。

中华文化传统中的公共情怀，除表现为对公共政治问题的关切之外，也表现为对非政治、非意识形态的内容的关切。《管子》中的"饮食"，关切的是饮食、健康和性情这样的公共问题。《荀子·天论》中的"顺应自然"，关切的是人与生存环境的关系这样的命题。《韩非子》的两篇，关切的是认识事物的方法论。随着对于非意识形态的内容的关切进一步扩大，又出现了对于思想史和哲学的关切。如王充的《论衡》和范缜的《神灭论》，在解释人与神时，都具有了唯物主义的思想因素。

"公共情怀"作为一种文化，在我们中华传统文化中源远流长。从孔孟、老庄到西汉时期的士人清议，从北宋太学生到明朝的东林党人，都可以梳理出一条先贤公共情怀的历史发展脉络。民国梁启超提炼的顾炎武"天下兴亡，匹夫有责"的名言，在某种意义上，可以说是对中华优秀传统文化中公共情怀的一种总结式表达。

总而言之，中华优秀传统文化中的公共情怀，不是对个人一己之利的关切，而是超越于个人利益之上，成为一种更加高远的情怀。孔孟也好，老庄也罢，他们对国家治理的关切，对朝廷治理的关切，对社会治理的关切，并非仅仅为了官爵和金钱，而是表示对超越的、形而上的东西（即古人所说的"道"）进行追求。即使平民百姓对公共问题的关切没有这些哲人、思想家那么深邃，但至少也不是仅仅为了个人的利益。

中华优秀传统文化中的公共情怀，对公共问题的关切还是主张恪守理性的。在日常生活中，不论我们的关切具有多么强烈的超越立场，但也只能从某个特定的角度来审视和表达，因而也就必然会带有视角的局限性。正因为这样，在梳理中华传统文化对公共问题的表达时，还要注意警惕那种道德上的自我迷恋以及自以为垄断真理的倾向，对于不同的声音和相异的观点要能善于倾听和沟通。

文化传递

中国知识分子一向以天下为己任，他们或以"穷则独善其身，达则兼济天下"相标榜，或以"为天地立心，为生民立命，为往圣继绝学，为万世开太平"自期，而我们今天所谓的公共情怀，其实

就是传统知识分子以天下为己任的现代表达。这种公共情怀，已经成为中国知识分子的文化基因，携带在每个中国知识分子的精神和灵魂里，包括鲁迅。

当然，不能否认，鲁迅是反传统的，他的小说、杂文中，充斥着对中国传统文化的批判之音，尤其是对中国旧伦理道德、旧思想观念的批判，并贯穿了他的一生。在晚年，他甚至主张彻底废除汉字，对传统思想文化的反叛可以说是非常极端的。但是，就其内心中强烈的公共情怀而言，他又是很传统的中国知识分子。他的灵魂里，依然带着传统中国知识分子一贯具有的文化基因——他始终都是一个具有强烈公共情怀的知识分子。

鲁迅的公共情怀首先表现在对国家民族命运的深切关注上。早在日本留学期间，他就写下了这样的诗句："灵台无计逃神矢，风雨如磐暗故园。寄意寒星荃不察，我以我血荐轩辕。"诗中虽然有自己情怀不被理解的牢骚，但那种为国家、民族献身的热情和决心令人非常感动。正是带着这种为民族献身的激情，鲁迅参与了20世纪早期许多影响中国历史的重大事件，如"五四"新文化运动。

于是，我们又进一步看到，关注民族文化的更新，渴望民族文化摆脱旧的因袭的重负而重新焕发出新的活力，成为鲁迅公共情怀的又一重要表现形式。针对有些守旧人士以保存国粹的名义反对革新，鲁迅指出："要我们保存国粹，也许国粹能保护我们……保存我们的确是第一要义。只要问他有无保存我们的力量，不管他是否国粹。"鲁迅说的"保存"实际是指民族文化的发展和创新。在他看来，有利于民族文化发展与创新的，就值得保存；反之，就必须抛弃。因此，我们看到，在他的创作里，最为深刻动人的那些篇章，都是对民族文化心理那些不利于民族文化的创新与发展因素的抨击，诸如对奴性心理的批判、对打着爱国旗号的合群自大心理的批判、对人心的冷漠麻木的批判，等等。

在进行这种文化的批判与反思的同时，我们又看到了鲁迅公共情怀的另一个重要表现，即他对人的关注。在他看来，现代社会是一个"人"的社会，"东方发白，人类向各民族所要的是'人'"，而不是仅仅凭本能生存的人形动物组成的生物群体。这样的"人"首先是懂得"爱"的人，"觉醒的人，此后应将这天性的爱，更加扩张更加醇化"，而新的人伦秩序，应该是由这种充满"爱"的人构成的。而"爱"的背后，是平等。在鲁迅看来，未来中国社会的伦理秩序，应该是这种从封建纲常礼教下解放出来的伦理关系，这种伦理的基石是爱与平等，它摆脱了旧伦理中的奴性、冷漠、残酷与因循。

由此我们看到，鲁迅一方面继承了中国传统知识分子的优良传统，具有强烈的公共情怀，另一方面他的公共情怀又与传统不同，而具有全新的品质和内容——指向的是现代和未来。

文化感悟

1. 在众多的选文中，你对哪一篇反映"公共情怀"内容的选文印象最深？为什么？

2. 鲁迅的公共情怀与古人的公共情怀有什么一脉相承的地方？请说出理由。

3. 有人说，当今时代更需要人们拥有超越个人的公共情怀，对此你有什么看法？请结合时代特征和具体社会现象加以阐释。

第六章 承继家风

一 孟母垂范不欺

【原文选读】

　　孟子少时，东家杀豚①，孟子问其母曰："东家杀豚，何为?"母曰："欲啖汝②。"其母自悔而言曰："吾怀妊是子③，席不止④，不坐；割⑤不正，不食；胎教之也。今适⑥有知而欺之，是教之不信也。"乃买东家豚肉以食之，明不欺也。诗曰："宜尔子孙绳绳兮。"⑦言贤母使子贤也。

（选自西汉·韩婴《韩诗外传·卷九》）

注释：

　　①豚：猪。

　　②啖：吃。"欲啖汝"意思是"给你吃"。

③怀妊：怀孕。是子：这个孩子。

④止：此处意为"正"。

⑤割：切割。此处指所食的东西切割不正。

⑥适：刚刚。

⑦宜尔子孙绳绳兮：语出《诗经·周南·螽斯》。绳绳：多而谨慎的样子。
全句意为子孙众多，谨慎群处一堂。

【文意疏通】

孟子少年时，有一次邻居杀猪，孟子问他的母亲说："邻居为
什么杀猪？"孟母说："他们杀猪是要给你吃肉。"孟母后来后悔
了，自言自语说："我怀着这个孩子时，席子摆得不正，我不坐；
东西切得不方正，我不吃，这都是对他的胎教。现在他刚刚懂事而
我却欺骗他，这是在教他不讲信用啊。"于是孟母的猪肉给孟子吃，
以证明她没有欺骗孟子《诗经》里有首诗歌这样写道："你们多子
又多孙，谨慎群处在一堂。"说的就是贤德的母亲才能培养出贤德
的后代啊！

【义理揭示】

小孩子好奇，对什么都会发问，问得大人烦了就会随口应付孩
子。孟母的贤德在于，她对自己的随口之言即刻加以反思，意识到
身教重于言传，于是随口之言立刻兑现为邻居喷香的猪肉。想来年
幼的孟子在饱腹之余也一定记住了母亲教育的诚实不欺。美味之余
韵不过几日，美德之余韵则可绵延人的一生。日后孟子成为儒家亚
圣，孟母所给予的德行熏陶不可小觑。

二　隽母教子仁爱

【原文选读】

隽不疑，字曼倩，勃海人也。京师吏民敬其威信。每行县①录囚徒还，其母辄②问不疑："有所平反，活几何③人？"即④不疑多有所平反，母喜笑，为饮食言语异于他时；或亡⑤所出，母怒，为之不食。故不疑为吏，严而不残。

（选自东汉·班固《汉书·隽不疑传》）

注释：

①行县：巡行所主之县。

②辄：常常。

③几何：多少。

④即：如果。⑤亡：无，没有。

【文意疏通】

隽不疑，字曼倩，是勃海郡人。他任职期间，京城的官吏和百姓都十分敬重他的威信。每次隽不疑到下属各县巡视，审查囚犯有无冤情，回家后，他的妈妈都会问他："此次出行巡视有没有给犯人平反？你让几人因平反而活命了？"如果隽不疑回答说平反的人多，母亲就很高兴，笑着给他做饭，说话的语气也与平时不一样；有时没有犯人平反出狱的情况，母亲就很生气，甚至因此吃不下饭。所以隽不疑做官，严厉却不残酷。

【义理揭示】

隽不疑之母真正做到了推己及人。为人母，以慈爱对待自己的孩子，同时，也希望仁爱的种子可以播撒于天下，因此儿子到下县巡视回来，她最关心的不是儿子执政的业绩如何，而是儿子是否以仁爱之心忠于职守。为官者给人以"严厉"的印象是寻常事，执法者行事"残酷"也在所难免，但如若心中有仁爱之种，为官执法便可"严而不残"。如此为官，自得民心。

三 杨震传子清白

【原文选读】

杨震，字伯起，弘农华阴人也……震少好学……明经博览，无不穷究。诸儒为之语曰："关西孔子杨伯起"……大将军邓骘闻其贤而辟①之，举茂才②，四迁荆州刺史、东莱太守。当之郡③，道经昌邑，故所举荆州茂才王密为昌邑令，谒见，至夜怀金十斤以遗④震。震曰："故人知君，君不知故人，何也?"密曰："暮夜无知者。"震曰："天知，神知，我知，子知。何谓无知!"密愧而出。后转涿郡太守。性公廉，不受私谒⑤。子孙常蔬食步行，故旧长者或欲令为开产业，震不肯，曰："使后世称为清白吏子孙，以此遗之，不亦厚乎!"

（选自南朝宋·范晔《后汉书·杨震列传》）

注释：

①邓骘（zhì）闻其贤而辟之：邓骘听说杨震贤明就派人征召他。辟，征召。

②茂才：即秀才，因避东汉光武帝刘秀讳，而改称"茂才"。

③之：到。之郡：此处指杨震到任。

④遗：赠送。

⑤私谒：因私事而干谒请托。

【文意疏通】

　　杨震，字伯起，弘农华阴人。杨震从小好学，明晓儒家经典，博览群书。众儒生都说："杨伯起真是关西地区的孔子啊！"大将军邓骘听说杨震贤明就派人征召他，推举他为秀才。杨震多次升迁，官至荆州刺史、东莱太守。他赴任途经昌邑时，从前被他举荐过的荆州秀才王密刚好担任昌邑县令，于是，到了夜里，王密怀揣十斤银子前来拜见杨震。杨震说："我作为老朋友很了解你，可你却不了解我，这是为什么呢？"王密说："夜里没有人知道我给您送钱。"杨震说："上天知道，神明知道，我知道，你知道。怎么能说没有人知道呢！"王密拿着银子羞愧地出去了。后来杨震调至涿郡任太守。他本性公正廉洁，不肯接受因私事而来的干谒请托。他的子孙吃的是粗茶淡饭，步行出门，他的老朋友中有年长的人想要让他为子孙开办一些产业，杨震不答应，说："让后代被称作清官的子孙，把这个馈赠给他们，不也是很丰厚的遗产吗？"

【义理揭示】

　　将什么作为遗产留给后代？这是个值得思考的问题。杨震自幼通晓儒家经典，在他的价值观中，良好的德行自是君子为人的准则，也是留给子孙后代最宝贵的遗产。钱财终有散尽之日，清誉却可绵延世代。

四 杨氏简静教子

【原文选读】

蔡王杨智积，高祖弟整之子也。以修谨①闻，高祖善之。在州未尝嬉戏游猎，听政②之暇，端坐读书，门无私谒。有侍读③公孙尚仪，山东儒士，府佐④杨君英、萧德言，并有文学，时延于座，所设唯饼果，酒才三酌。家有女妓，唯年节嘉庆，奏于太妃⑤之前，其简静如此。人或劝智积治产业者，智积曰："昔平原⑥露朽财帛，苦其多也。吾幸无可露，何更营乎？"有五男，止教读《论语》《孝经》而已，亦不令交通⑦宾客。或问其故，智积答曰："卿非知我者。"其意恐儿子有才能，以致祸也。开皇二十年，征还京第，无他职任，阖门自守，非朝觐⑧不出。

（选自唐·李廷寿《北史·隋宗室诸王列传》）

注释：

①修谨：谓行事或处世谨慎，恪守礼法。

②听政：处理政务。

③侍读：古代官名。为帝王、皇子讲学之官。

④府佐：高级官署中的佐治官吏。

⑤太妃：三国魏至清之间，尊称诸王之母为"太妃"。

⑥平原：战国时期赵国公子平原君赵胜。

⑦交通：交往。

⑧朝觐：朝拜君王。

【文意疏通】

蔡王杨智积，是隋高祖杨坚的弟弟杨整的儿子。杨智积凭借自己处世谨慎、恪守礼法的行事作风而闻名，杨坚一直善待他。杨智积在同州做官从不曾出游打猎，处理政务之余，便坐在家中读书，深居简出，不接受任何因私事而登门的干谒请托。宫中有一个叫公孙尚仪的侍读官员，这个人是山东的儒生，还有两位府佐，一位是杨君英，一位是萧德言，他们都很有才华。杨智积有时会邀请他们到自己家中做客，用以款待来宾的也不过就是点心水果，酒水也仅仅添加三次而已。家中蓄养歌伎，这些歌伎也仅仅是在逢年过节家中举办庆典时为他的母亲献演而已。杨智积性格沉静简约大抵如此。有人劝说杨智积利用自己皇亲国戚的身份地位经营点产业，但他回答说："从前赵国的平原君，故意暴露那些用不完以致朽坏的钱财布帛，为自己太富有、受钱财拖累而苦恼。我正庆幸自己没有多余的钱财可暴露，又怎么会庸人自扰地经营什么产业呢？"杨智积有五个儿子，他只教他们读《论语》《孝经》，同时不允许他们随意结交朋友。有人问他对儿子这样严苛是什么缘故，他回答说："您能这样问我，看来您就不是了解我的人。"其实他是担心儿子们太有才华、过于锋芒毕露而招致祸患。开皇二十年的时候，杨智积被征召回到京城，他没有出任什么官职，依然是深居简出，只有朝见君王时才出门。

【义理揭示】

杨智积的远祖是本章第三节选文中提及的杨震，其祖不慕财利，重视清白家风，至隋代杨氏一脉，"简静"成为延续为官清白之家风的具体内容。杨智积是皇亲国戚，即便如此尊贵，从他身上也看不到"奢"的影子——宴请宫中官员，也只以简单的家常饮食款待；孝敬母亲，也只在普天同庆的日子简单地请歌伎助兴罢了。"简"源自其性情之"静"，处理公务之余，读书养性是他日常生活的主要内容。他不但自己享受这种宁静的生活，也以此约束他的孩子。"静以修身，俭以养德。"身处高位者尚且如此教子，如能推而广之，世道民风也定会因此向善归淳。

五 李母束子廉洁

【原文选读】

监察御史李畬母清素贞洁①。畬请禄②，米送至宅，母遣③量之，剩三石④。问其故，令史曰："御史例不概⑤剩。"又问："车脚几钱？"又曰："御史例不还脚钱。"母怒，令还所剩米及脚钱以责畬。畬乃追仓官科罪⑥。诸御史皆有惭色。

（选自唐·张鷟《朝野金载⑦·卷三》）

注释：

①李畬（shē）母清素贞洁：李畬的母亲品行清白廉洁。

②禄：俸禄。

③遣：派遣（仆人）。

④石（dàn）：中国市制容量单位，十斗为一石。

⑤概：刮平斗、斛用的小木板。这里指作为俸禄的米在出仓时，盛满以后不用木板刮平，所以会有多出的部分。

⑥科罪：定罪。

⑦朝野金（qiān）载：唐代笔记，记载朝野逸闻，尤多武后朝事。唐张鷟（zhuó）撰。

【文意疏通】

监察御史李畬的母亲为人清白正派。一次，李畬发了俸禄，禄米由差役送到家里，李母令人按照标准过数，结果多出三石。李畬的母亲询问为什么会多出三石米。差役回答说："御史的禄米出库时一向不将高出斗口的部分刮平。"李母又问应付多少车脚钱，差役又说："给御史家送禄米一向不收车脚钱。"李母生气了，命令差役送还多出的禄米与应付的车脚钱，以此表示对李畬的责备。李畬得知后便追问仓库官员，并且治了他的罪。各位御史见此情景，脸上都现出羞愧的神色。

【义理揭示】

从这个小故事中，我们看到了一位严谨、廉洁的母亲。试想，如果李畬的母亲不够严谨的话，很可能差役送来的米她量都不量就直接差人送到仓库了，如不量，也就无从发现掌管禄米的人多给了她三石米；如果李畬的母亲仅仅是个严谨的人，而不是个廉洁的人，也许，这多出的米就悄无声息地成为饭桌上的米饭了——现今社会，买东西人家多找了钱，许多人都是选择悄无声息地装入口袋心安理得回家偷着乐。"清素贞洁"的李母将道德品行的清廉看得很重，多占公家便宜令其难以心安，所以她会追问这多出的米究竟因何而来，不仅如此，她还追问官家送来米时是否付了车费。有母如此，方有为官清正的唐代监察御史李畬。

六 谏议仁信卖马

【原文选读】

宋陈谏议①家有劣马，性暴，不可驭②，蹄啮③伤人多矣。一日，谏议入厩，不见是马④，因诘⑤仆："彼马何以不见?"仆言为陈尧咨售之贾人⑥矣。尧咨者，陈谏议之子也。谏议遽召子，曰："汝为贵臣⑦，家中左右尚不能制⑧，贾人安能畜之? 是移祸于人也!"急命人追贾人取马，而偿其直⑨，戒仆养之终老⑩。时人称陈谏议有古仁人之风。

（选自南宋·朱熹《宋名臣言行录》）

注释:

①陈谏议：北宋陈省华，字善则，官至谏议大夫，故称"陈谏议"。

②驭：驾驭，控制。

③蹄：名词作动词用，踢；啮，咬。

④是马：这匹马。

⑤诘：责问。

⑥贾（gǔ）人：商人。

⑦贵臣：朝廷中的重臣。

⑧制：控制，制服。

⑨直：通"值"，这里指偿还商人买马的钱。

　　⑩戒仆养之终老：告诫仆人不许再卖这匹马，要把它一直养到死。戒，通"诫"，告诫。

【文意疏通】

　　宋人陈谏议家里有一匹劣马，性情暴躁，不能驾驭，踢伤咬伤了很多人。一天，陈谏议走进马棚，没看到这匹马，于是责问仆人："那匹马怎么不见了？"仆人说是陈尧咨把马卖给商人了。陈尧咨是陈谏议的儿子。陈谏议马上召来儿子，说："你是朝中重臣，家里的仆人都不能驯服这匹马，商人又怎么能驯服它并饲养它呢？你这是把祸害转嫁给别人啊！"陈谏议赶紧命人去追商人牵回马，并把卖马的钱退给商人。他告诫仆人把那匹马养到老死。因此当时的人们称赞陈谏议有一种古代的贤士仁人之风。

【义理揭示】

　　谏议大夫陈省华虽不是商人，但假设他从商的话，一定会是位受人尊重的儒商。他将儒家崇尚的良好品行贯彻到自己的日常生活中。"己所不欲，勿施于人。"那匹连家里仆人都驯服不了的劣马，到了外人手中，又怎么可能听话呢？商人买马多半是为了运输物资，若不能驯服它，岂不是白白花了冤枉钱？更何况那马还时常咬人、踢人，将其易主可真是嫁祸于人，所以陈谏议要把马追回。但卖马这事其经手人是儿子陈尧咨，他的身份也是朝中官吏。担任谏议大夫的父亲对儿子讲的一番话，既可以看作是家训，也不妨看成是陈谏议在履行自己的职责。言传身教兼而有之。有这样的父亲调教，陈尧咨为官定也会仁信守己了。

七 君实训俭示康

【原文选读】

吾本寒家①，世以清白相承。吾性不喜华靡，自为乳儿②，长者加以金银华美之服，辄羞赧③弃去之。二十忝科名④，闻喜宴⑤独不戴花。同年⑥曰："君赐不可违也。"乃簪一花。平生衣取蔽寒，食取充腹；亦不敢服垢弊以矫俗干名⑦，但顺吾性而已。众人皆以奢靡为荣，吾心独以俭素为美。人皆嗤吾固陋，吾不以为病。应之曰："孔子称'与其不逊也宁固'⑧；又曰'以约失之者鲜矣'⑨；又曰'士志于道，而耻恶衣恶食者，未足与议也'。"古人以俭为美德，今人乃以俭相诟病。嘻，异哉！

近世寇莱公⑩豪侈冠一时，然以功业大，人莫之非⑪，子孙习其家风，今多穷困。其余以俭立名，以侈自败者多矣，不可遍数，聊举数人以训汝。汝非徒⑫身当服行，当以训汝子孙，使知前辈之风俗云。

（选自北宋·司马光《训俭示康》）

注释：

①吾本寒家：司马光的父亲司马池曾任州县官和天章阁待制，为人廉洁，家无余财。寒，清贫。

②乳儿：婴儿。

③赧（nǎn）：因害羞而脸红。

④二十忝科名：二十岁考中进士。忝，谦语，意思是自己名列在内，使同列受辱。

⑤闻喜宴：从唐朝开始，进士中榜后，醵钱宴乐于曲江亭子，称曲江宴，亦称"闻喜宴"。

⑥同年：同榜登科的人，彼此称"同年"。

⑦服垢弊以矫俗干名：穿肮脏破烂的衣服，以有意违背世俗常情的行为来求得别人称赞"节俭"之名。矫俗，违背世俗的常情。干名，追求名誉。

⑧与其不逊也宁固：意思是说，奢侈就显得骄傲，节俭就显得固陋。两者相比，与其骄傲，不如固陋。语出《论语·述而》。

⑨以约失之者鲜矣：意思是说，因为俭约而犯过失的人是很少的。约，俭约。鲜，少。语出《论语·里仁》。

⑩寇莱公：寇准，字平仲，宋真宗初年为宰相，后封莱国公。

⑪人莫之非：人们对他没有非议。

⑫非徒：不仅仅。

【文意疏通】

我本就生在贫寒的家庭，一代一代都凭借清白的家风相继承。我生性不喜欢豪华奢侈，从婴儿时起，长辈把饰有金银的华美衣服披在我身上，我总是因害羞而脸红并扔掉它。二十岁那年，我忝列在进士的科名之中，参加闻喜宴时，只有我不戴花，同榜登科的人说："这花是君王赐戴的，不能违反惯例不戴。"我这才在帽檐上插上一枝花。我一向衣服只求抵御寒冷，食物只求填饱肚子，但我这样做也并不是故意穿肮脏破烂的衣服以表示与一般人不同，并以此取得人们的赞扬。我的所为只是顺着我的本性行事罢了。许多人都把奢侈浪费看作光荣，我心里独自把节俭朴素看作美德。别人都讥笑我固执，不大方，我不把这作为缺陷，回答他们说："孔子说：'与其骄纵，毋宁固陋。'又说：'因为俭约而犯过失的人很少。'又说：'有志于探求真理但却以吃得不好、穿得不好为羞耻的读书人，是不值得跟他谈论的'。"古人把节俭作为美德，现在的人却因节俭而互相讥讽，认为是缺陷，嘻，真奇怪呀！近年来，寇莱公的豪华奢侈，在当代人中堪称第一，但是因为他的功业大，所以人们不批评他。可是他的子孙习染他的家风也豪华奢侈，现在多数穷困。其他因为节俭而立下好名声，因为奢侈而自招失败的事例还很多，不能统统列举。上面姑且举几个人用来教诲你。你不仅自身应当践行节俭，还应当用节俭教诲你的子孙，使他们了解前辈的传统。

【义理揭示】

这是司马光写给儿子司马康的家训。写作此文时，社会盛行奢侈之风，"今人乃以俭相诟病"，司马光从自己成长过程中节俭之德的形成入笔，辅以同代政府要员正反对比的例子，高声疾呼个人、家族崇尚节俭的重要性。在奢侈之风盛行的时代，这样行事已属不易。更难能可贵的是，他不但自己身体力行勤俭，也要求儿子将勤俭美德传承下去，将良好家风承继下去。从这则家训中，我们不仅能感受到司马光个人的人格魅力，也见证了一代读书人将"俭"与"德"紧密相连，严于律己、严格育人的风范。

八 欧父遗训于子

【原文选读】

修不幸，生四岁而孤①。太夫人②告之曰：汝父为吏廉，而好施与，喜宾客；其俸禄虽薄，常不使有余。曰："毋以是为我累。"

故其亡也，无一瓦之覆，一垄之植，以庇而为生；吾何恃而能自守邪？吾于汝父，知其一二，以有待于汝③也。自吾为汝家妇，不及事吾姑④；然知汝父之能养⑤也。汝孤而幼，吾不能知汝之必有立；然知汝父之必将有后也。吾之始归⑥也，汝父免于母丧方逾年⑦，岁时祭祀，则必涕泣，曰：“祭而丰，不如养之薄也。”间御⑧酒食，则又涕泣，曰：“昔常不足，而今有余，其何及⑨也！”吾始一二见之，以为新免于丧适然⑩耳。既而其后常然，至其终身，未尝不然。吾虽不及事姑，而以此知汝父之能养也。

汝父为吏，尝夜烛治官书，屡废而叹。吾问之，则曰：“此死狱也，我求其生不得尔。”吾曰：“生可求乎?”曰：“求其生而不得，则死者与我皆无恨也；矧求而有得邪⑪，以其有得，则知不求而死者有恨也。夫常求其生，犹失之死，而世常求其死也。”回顾乳者⑫抱汝而立于旁，因指而叹，曰：“术者谓我岁行在戌⑬将死，使其言然，吾不及见儿之立也，后当以我语告之。”其平居⑭教他子弟，常用此语，吾耳熟焉，故能详也。其施于外事，吾不能知；其居于家，无所矜饰，而所为如此，是真发于中者⑮邪！呜呼！其心厚于仁者邪！此吾知汝父之必将有后也。汝其勉之！夫养不必丰，要于孝；利虽不得博于物，要其心之厚于仁。吾不能教汝，此汝父之志也。修泣而志之，不敢忘。

（选自北宋·欧阳修《泷冈⑯阡表》）

注释：

①孤：古时年幼就死了父亲称“孤”。

②太夫人：指欧阳修的母亲郑氏。古时列侯之妻称夫人，列侯死，子称其母为“太夫人”。

③有待于汝：对你有所期待。

④吾姑：丈夫的母亲，这里指欧阳修的祖母。

⑤养：奉养，指孝顺父母。

⑥归：古时女子出嫁。

⑦方逾年：刚刚超过一年。

⑧间：间或，偶尔。御：进用。

⑨及：赶得上。

⑩适然：偶然这样。

⑪矧（shěn）求而有得邪：何况去寻求生路又办到呢！矧，况且。

⑫乳者：奶妈。

⑬术者：算命的人；岁行在戌：岁星经行正在戌年。

⑭平居：平日，平时。

⑮发于中者：发自内心。

⑯泷（shuāng）冈：山名，在江西省永丰县南，欧阳修葬其父母于此。

【文意疏通】

我很不幸，四岁时父亲就去世了。母亲告诉我说：你父亲为官清廉，乐于助人，又爱结交朋友，他的薪俸微薄，常常所剩无几。他常常说："不要让钱财使我受累！"因此他去世后，没有留下可赖以生存的家产。我靠什么守节？我对你父亲有所了解，因而把希望寄托在你身上。我成为欧阳家媳妇的时候，没赶上侍奉婆婆，但我知道你父亲很孝敬父母。你自幼失去父亲，我不能断定你将来有成就，但我知道你父亲一定后继有人。我刚出嫁时，你父亲为他母亲守孝刚一年。岁末祭祀祖先，他总是流泪说："祭祀再丰富，也不如生前的微薄奉养啊。"偶然吃些好的酒菜，他也会流泪说："从前娘在时常常不够吃，如今富足有余，又无法让她尝到！"刚开始

我遇到这种情形，还以为是刚服完丧不久才这样。后来却经常如此，直到去世。我虽然没来得及侍奉婆婆，可从这一点能看出你父亲很孝敬父母。

你父亲做官时，在夜里点着蜡烛看案卷，他多次停下来叹气。我问他原因，他就回答说："这是一个判了死罪的案子，我想为他求得一条生路却办不到。"我问他："可以为死囚找生路吗？"他说：'想为他寻求生路却无能为力，那么，死者和我就没有遗憾了，何况确实有时候是能够找到生路的啊！正因为能够找到生路，所以知道不为他寻求生路而死的人可能有遗恨啊。我这样经常为死囚求生路，死囚还是不免要被处死；偏偏世上总有人想置犯人于死地呢？"他回头看见奶娘抱着你站在旁边，于是指着你叹气说："算命的说我遇上戌年就会死，假使他的话应验了，我就看不见儿子长大成人了，将来你要把我的话告诉他。"他平时也常常用这些话教育其他晚辈，我听惯了所以记得很清楚。他在外面怎么样，我不知道；但他在家里，从不装腔作势，他行事厚道是发自内心的！唉，他是那样宅心仁厚！因此我就知道你父亲一定会有好的后代。你一定要努力啊！奉养父母不一定要丰厚，最重要的是孝敬；恩惠和好处虽然不能遍施于所有人，但重要的是一定要有颗仁爱之心。我没什么可教你的，这些都是你父亲的愿望。我流着泪记下了这些教诲，不敢忘记。

【义理揭示】

北宋时期，欧阳修承袭了唐朝韩愈、柳宗元倡导的"古文运动"，追慕传承儒家学养，"文以载道"，终成北宋文坛领袖。从这篇他为父亲墓碑题写的阡表中，我们不难发现，其实儒家学养正是欧阳氏家风。从欧阳修母亲的转述中，我们见到的是一位重视孝道、宅心仁厚的欧阳观。"身教重于言教"，当"夫养不必丰，要于孝；利虽不得博于物，要其心之厚于仁"的遗训通过母亲传达给欧阳修之后，它便深深扎根在欧阳修心中。在物质匮乏的环境中，道德的丰厚使人格焕发出耀眼的光芒，因此，四岁而孤的欧阳修能够懂得物质与精神的关系，最终成为一代大家。

九 王氏厚德修身

【原文选读】

国之将兴，必有世德之臣，厚施而不食其报①，然后其子孙能与守文太平之主共天下之福。故②兵部侍郎晋国王公③，显于汉、周之际④，历事太祖、太宗，文武忠孝，天下望以为相，而公卒以直道不容于时⑤。盖尝手植三槐于庭，曰："吾子孙必有为三公者。"已而其子魏国文正公⑥，相真宗皇帝于景德、祥符之间，朝廷清明，天下无事之时，享其福禄荣名者十有八年。

今夫寓物于人⑦，明日而取之，有得有否；而晋公修德于身，责报于天，取必于数十年之后，如持左契⑧，交手相付。吾是以知天之果可必⑨也。

吾不及见魏公，而见其子懿敏公，以直谏事仁宗皇帝，出入侍从将帅三十余年，位不满其德⑩。天将复兴王氏也欤！何其子孙之多贤也？世有以晋公比李栖筠⑪者，其雄才直气，真不相上下。而栖筠之子吉甫，其孙德裕，功名富贵，略与王氏等；而忠恕仁厚，不及魏公父子。由此观之，王氏之福盖未艾⑫也。

懿敏公之子巩与吾游，好德而文，以世其家，吾以是铭之。

（选自北宋·苏轼《三槐堂铭并序》）

注释：

①厚施而不食其报：做了很多好事但是在世时却没有收到回报。

②故：从前的，已故的。

③兵部侍郎晋国王公：王祐。曾任兵部侍郎，晋国是其封号。

④汉、周之际：五代十国时期的后汉、后周。

⑤以直道不容于时：因为正直而不被时局所容。

⑥其子魏国文正公：指王旦，封魏国公，谥号文正。

⑦寓物于人：把东西寄放在别人处。寓，寄托。

⑧如持左契：左契，古代契约分左右两联，左契凭以索偿。

⑨天之果可必：上天的意愿一定会实现。

⑩位不满其德：他的官位和他的崇高德行不相符。

⑪李栖筠：唐代贤相。

⑫艾：停止，完结。

【文意疏通】

国家将要兴盛时，必定有世代积德的大臣，做了很大的好事而没有得到福报，但此后他的子孙却能够与遵循先王法度的太平君主，共享天下的福禄。已故的兵部侍郎晋国公王祐，显赫于后汉、后周之间，先后在太祖、太宗两朝任职，文武忠孝，天下的人都期盼他能出任宰相，然而王佑由于正直不阿，不为当世所容。他曾亲手在庭院里种植了三棵槐树，说："我的后世子孙将来一定有位列三公者。"后来他的儿子魏国文正公王旦，在真宗皇帝景德、祥符年间做了宰相，当时朝廷政治清明，天下太平，他享有福禄荣耀十八年。

现在如果把东西寄存在别人处，第二天就去取，可能得到，也可能得不到了。但晋国公自身修养德行，以求上天的福报，在几十年之后，得到了必然的回报。如同手持契约，亲手交接一样。我因此知道上天的意愿一定会实现的。

我没来得及见到魏国公王旦，却见到了他的儿子懿敏公。他侍奉仁宗皇帝时直言敢谏，出外带兵、入内侍从三十多年，这种爵位还不足以和他的德行相称。上天将再一次使王氏兴盛吗？为什么他的子孙有这么多的贤人呢？世上有的人把晋国公王祐与唐代贤相李栖筠相比，他们两人的雄才大略、正直气节，确实不相上下。李栖筠的儿子李吉甫，孙子李德裕，享有的功名富贵和王氏也差不多，但忠恕仁厚，则不如魏公父子。由此可见，王氏的福份正旺盛不衰啊！

懿敏公的儿子王巩，跟我交游，他崇尚道德而又善诗文，以此继承了他的家风，我因此为他写下这篇铭文。

【义理揭示】

《三槐堂铭》是苏轼为"好德而文"的王巩所写的追溯其家风的铭词。正直为官的王祐秉承自己的为人准则，不为迎合世俗而改易其节。其手植于堂的三棵槐树既是他对家族后人"铁肩担道义"的期许，也是他自己正直仁厚品行的象征。尽管苏轼在追溯王氏家风时行文中不免流露出天命有常、因果报应的思想，但其文中所记载的王家三代相继担任朝廷重臣，为国为君克尽职守的史实，令人真切感受到祖辈开创的优良家风对家族世代的深远影响。

十　士铨从母习书

【原文选读】

吾母姓钟氏，名令嘉，出南昌名族，行九。幼与诸兄从先外祖滋生公读书。十八，归先府君①。越二载，生铨，家益落，历困苦穷乏。铨四龄，母日授"四子书"②数句；苦儿幼不能执笔，乃镂竹枝为丝，断之，诘屈作波磔点画③，合而成字，抱铨坐膝上教之。既识，即拆去。日训④十字，明日，令铨持竹丝合所识字，无误乃已。记母教铨时，组绣纺绩之具，毕陈左右⑤；膝置书，令铨坐膝下读之。母手任操作，口授句读，咿唔之声，与轧轧相间。儿怠，则少加夏楚⑥，旋复持儿而泣曰："儿及此不学，我何以见汝父！"至夜分寒甚，母坐于床，拥被覆双足，解衣以胸温儿背，共铨朗诵之；读倦，睡母怀，俄而⑦母摇铨曰："可以醒矣！"铨张目视母面，泪方纵横落，铨亦泣。少间，复令读；鸡鸣，卧焉。诸姨尝谓母曰："妹一儿也，何苦乃尔！"对曰："子众，可矣；儿一，不肖，妹何托焉！"

铨九龄，母授以《礼记》《周易》《毛诗》，皆成诵。暇更录唐宋人诗，教之为吟哦声⑧。母与铨皆弱而多病，铨每病，母即抱铨行一室中，未尝寝；少瘥，辄指壁间诗歌，教儿低吟之以为戏。母有病，铨则坐枕侧不去。母视铨，辄无言而悲，铨亦凄楚依恋之。尝问曰："母有忧乎？"曰："然。""然则何以解忧？"曰："儿能背诵所读书，斯解也。"铨诵声琅琅然，争药鼎沸⑨，母微笑曰："病少差⑩矣。"由是，母有病，铨即持书诵于侧，而病辄能愈。先府君在客邸⑪，督铨学甚急，稍怠，即怒而弃之，数日不及一言⑫；

吾母垂涕扑之⑬，令跪读至熟乃已，未尝倦也。铨故不能荒于嬉，而母教由是益以严。

（选自清·蒋士铨《鸣机夜课图记》）

注释：

①归先府君：嫁给我的父亲。归，古代女子出嫁。先府君，指作者已去世的父亲。

②"四子书"：即"四书"，因内容多记载孔子、孟子、曾子、子思等人的言行，故又称"四子书"。

③诘屈作波磔点画：折成撇、捺、点、画。诘屈，弯曲。波，左撇。磔（zhé），捺笔。

④训：教。

⑤组绣纺绩之具，毕陈左右：纺织的工具全都放在自己身边。组绣，华丽的丝绣服饰。纺绩，把丝麻等纤维纺成纱或线。古代"纺"指纺丝，"绩"指绩麻。

⑥夏楚：本是古代老师责打学生的工具。这里是责打的意思。

⑦俄而：没多久。

⑧教之为吟哦声：教我朗诵诗歌。吟哦，有节奏地朗诵。

⑨争药鼎沸：（读书声）与罐里煎药的滚沸声争响。

⑩差：通"瘥"，病愈。

⑪客邸：外地的住所。

⑫不及一言：不对（我）讲一句话。

⑬扑之：责打我。之，指本文作者蒋士铨。

【文意疏通】

我的母亲姓钟，名叫令嘉，出身南昌府名门望族，排行第九。

她在小时候和几个哥哥一起跟着我外祖父滋生公读书，十八岁嫁给我父亲。结婚两年后，生下我，家境更加衰落，她经历了穷困的生活。我四岁的时候，母亲每天教我几句"四书"。因为我太小，不会拿笔，她就把竹枝削成细丝，然后把它折断，弯成一撇一捺一点一画，拼成一个字，把我抱上膝盖教我认字。一个字认识了，就把它拆掉。每天教我十个字，第二天，叫我拿了竹丝拼出前一天认识的字，直到没有错误才罢休。到我六岁时，母亲才叫我拿笔学写字。回忆我母亲教我的时候，刺绣和纺织的工具全放在旁边，她膝上放着书，叫我坐在膝下小凳子上看着书读。母亲一边手里干活，一边嘴里教我一句句念。咿咿呀呀的读书声，与吱吱哑哑的织布声，交错在一起。我一偷懒，她就拿戒尺打我几下，打完我，又抱着我哭，说："儿啊，你这时候不肯学习，叫我怎么有颜面去见你父亲！"到半夜里，很冷，母亲坐在床上，拉起被子盖住双脚，解开自己衣服用胸口的体温暖我的背，和我一起朗读；我读得倦了，就在母亲怀里睡着了。过了一会儿，母亲摇我，说："可以醒了！"我睁开眼，看见母亲脸上泪流满面，我也哭起来。歇一会儿，再叫我读。直到头遍鸡叫，才和我一同睡，我的几位姨妈曾经对我母亲说："妹妹啊，你就这一个儿子，何苦要这样！"她回答说："儿子多倒好办了，只有一个儿子，将来不长进，我靠谁呢！"

我九岁时，母亲教我学《礼记》《周易》《毛诗》，我都能够背诵出来。她有空又抄下唐宋诗人的诗，教我朗诵古诗。母亲和我两人都身体弱、多病。每当我生病时，母亲就抱着我在室内来回走动，自己不睡觉；我病稍稍好一点，她就指着贴在墙上的诗歌，教我低声念诵作为游戏。母亲生病时，我总是坐在她枕边不离开。母亲看着我，常常一句话不说，很悲伤的样子，我也很伤心地依恋着她。我曾经问她："娘，您心里不快乐吗?"她说："是不快乐。"
"那么我怎么才能让娘高兴呢?"她说："你能把读的书背给我听，
我就高兴了。"于是我就背书，琅琅的书声和药罐煎药的水沸声交
织在一起。母亲微笑着说："你看，我的病好些了!"从此，母亲生
病的时候，我就拿着书在她床边读，这样，她的病就会好。父亲经
常在外地，有时他回来督促我读书时，脾气急躁，我稍有一点不认
真，他就发怒，把我丢在一旁，几天不理睬我。母亲就流着眼泪打
我，叫我跪在地上，把书读熟才放过我，从来不觉得自己疲累。所
以，我从不因为贪玩而荒废了学业，母亲对我的教育，也因此而更
加严格。

【义理揭示】

蒋士铨是清代著名的戏曲家、文学家。他精通戏曲、诗词和古
文，与袁枚、赵翼合称"江右三大家"。他的文学成就与其自幼跟
随母亲读书学习有着紧密关联。蒋母出身名族，幼时跟从她的父亲
读书识字;为人母之后，她将好读勤学的家风延续下去，在蒋士铨
幼小时便以拆解汉字笔画的方式引导儿子步入学习的殿堂。待儿子
稍大些，她一边劳作一边教儿子诵读典籍，夜夜苦读直到鸡鸣方
休。她深谙"业精于勤"之理，对儿子要求严格，不容许蒋士铨有
丝毫的懈怠。即使生病，母子二人也将读书视为解忧去病之法宝。
这种好学、勤学、乐学的精神实在值得今人传承发扬。

　　家风从某种意义上说，是中国传统社会的产物。在以农业文明为基础建立的封建社会中，家的概念远比今天所谓的"三口之家"更大——家往往是以家族形式存在的。家族有自己的族谱，可以上溯至相当久远的历史深处，睿智的祖先从自身的生存智慧中提取他们认为对后人来说最为重要的部分，将其作为祖训世代相传。于是，每个家族就有了自己的家风。

　　不同于自然界无根无形的风，家风是有根有形的——未曾谋面但给予后人血脉基因的祖先是家风的"根"，言传身教的父母长辈是家风之"形"。孩子们在成长的过程中通过显性与隐性的途径沐浴家风熏陶，从而将各自家族的精神延续下去。在广袤深厚的黄土地上，家风如同口耳相传的诗歌、传说，有着漫长而鲜活的生命力。温柔纯良的家风汇聚成中华民族绵延千年的美德，代代相承。

　　本章选取的十个小故事，在时间跨度上覆盖了由战国到清代两千多年的历史。故事的主人公都是一些平凡的父母。虽然他们身处的时代不同，留待传承的家风也不同，但他们对后代的教育方向大体上是一致的，即遵从儒家的道德礼仪规范，将美德的种子播撒在后代心田，从而使得一个个具有良好品行的个体成为辐射社会美德的载体，构筑理想社会的蓝图。

　　我们应该记住这些母亲——

　　孟母将对小孟轲的戏言兑现成香喷喷的猪肉，相信小孟轲在大快朵颐之时，一定也会牢牢记住母亲诚实不欺的道德身教；隽不疑的母亲虽未以明言方式教子仁爱，但她以儿子每次巡行归来汇报的平反犯人数目作为衡量其子为官是否称职的标准，这仁爱应该也间接促进了隽不疑详审疑案的动力吧，否则他如何能从已有定论的官司中解救被冤枉者呢？因为公家分发俸禄的人多给了三石米，因为公家送米的人随意沿袭了不要脚钱的习惯，李畲的母亲让身为监察御史的儿子亲自去奉还这多得的利益，以示惩戒。这是个敢于对社会陋习说"不"的母亲！她传给儿子的清廉家风不着一字，却透着向习俗宣战的勇气。别说在唐代，就是在今天，这种魄力与胆识也难能可贵。蒋士铨的母亲与今日望子成龙、望女成凤的"虎妈"似乎并无二致，她对儿子的课业严格要求，甚至不允许有丝毫的懈怠。但在蒋士铨心里，她绝不是个严酷的母亲——今天，哪一个家庭能复制母子二人于药釜的喧嚣中享受琅琅书声的快乐呢？又有哪一个家庭能重现冬夜母子二人拥被诵书直至鸡鸣的那份执着呢？只有自己先将读书求学当作乐事，让勤学的美德在困厄中焕发出动人的光彩，而后勤勉治学，才可能使其成为家风被后人接受并传承下去。否则，仅仅将读书视为培养"精致利己主义者"的工具，去赢得眼前的荣誉、短期的利益，这书，不读也罢！

当然，我们也要记住这些父亲。他们大多身居官位，不忘君子之礼，在道德品行方面为后代作出表率——

深夜接受王密拜访的杨震是个聪明人，他以"天知，神知，我知，子知。何谓无知！"保全了自己人格上的清白；同时他不允许子孙借自己的人脉关系经营产业，保全了子孙后世人格上的清白。清白既是杨震传给子孙的家风，其实也是他遗留给后代的一笔巨额家产。几百年后，隋朝的杨智积果真承袭了远祖的智慧。"简静"首先是作为皇亲国戚的杨氏一族的生存哲学，而后才是其持家之

风。这是在看似光鲜实则危险的宫廷生活中衍生出来的睿智，用今天的话说大约就是"低调"。但杨智积不是用低调来做秀的，他不仅自己身体力行这种低调，也要求自己的儿子必须承继低调的行事风格——深居简出，潜心读书。书读多了才能有智慧去分辨何谓"友直，友谅，友多闻"，否则挂着皇家的幌子招摇过市，"友便辟，友善柔，友便佞"，只怕最终是引来祸患无穷了。

宋代兵部侍郎王祐任职期间因性格耿直，不为当世所容，无法在仕途上有更多建树。为传承家风，更为激励后人，他在自家堂前亲手种植下三株槐树。树的端正象征其品性之不移，同时也承载着他对王家后代成为三公重臣的期许。后来，其子王旦子承父望，品行端正，贵为三公；其孙王巩承袭家风，被苏轼赞为"好德而文"——三株槐树寄寓的对后代的期许全然兑现，可见良好的家风是会对后代成长，特别是道德品行方面的成长带来积极的影响的。

北宋的陈省华在听闻儿子将难以驾驭的劣马卖给他人后，不但主动偿还了卖马所得钱财，还从"为官为人须一致"的角度教育儿子。同时，我们还应看到，在卖马一事上，他既没有袒护作为朝中重臣的儿子，也没有将全部责任推到仆人身上。这公正不仅属于严父陈省华，更属于谏议大夫陈省华。

司马光的智慧不仅体现在其幼时的破缸救人上，更体现在他将俭朴之美德作为家风传给后人。《训俭示康》结尾提到的宋代著名宰相寇准也是智慧之人，其智足以辅佐宋太宗匡正天下，却不足以保障其后代吃饱穿暖，正应了"富不过三代"的民谚。相比之下，司马光自己以俭为美德、以俭为家风的做法确实透出为家族长远考虑的睿智。需要提及的是，司马光身处的时代是北宋承平时期，整个朝廷因生活安逸而蔓延奢靡的社会风气，在这样的大环境下，能将俭朴立为家风，自己率先垂范，同时也要求儿孙辈世代承袭，非大智慧之人断然难有此睿智之举。

欧阳修的父亲欧阳观虽早早离世，但他将忠孝、仁厚的道德基因传给了儿子。"男儿有泪不轻弹"，欧阳观的眼泪为不能于母亲在世时提供丰赡的供养而流，他的叹息是为不能帮助囚犯获得生的希望而起。虽然他在欧阳修四岁时早逝而去，没能给予欧阳修更多的精神财富，但通过欧阳修母亲之口转述的欧阳家风足以启迪四岁孩童的心灵，从而使其终成长为北宋文坛大家。

这些平凡而伟大的父母如同鲁迅先生所说的"历史中间物"一样，他们以言传身教的方式传递着中华民族的美德，也为我们的民族培养出一代代杰出的大家。尽管当代中国，"家族"的观念逐渐式微，但那些被世代传承的优秀品质依然在我们身处的时代闪耀着令人心醉的光芒。回溯历史，了解那些平凡而又伟大的父母传承给后代的家风，其实，也是我们对本民族文化的一次朝圣。更希望这些承继家风的小故事能给当下为人父母者以启迪。

文化传递

在倡导"中国梦"的时代，要将这梦描绘得更美，我们必须先静下心来问自己：我是谁？我来自何方？我的"中国梦"又缘自何方？唯有如此，个人的"中国梦"方有根基，方能附着于历史地表生长，方能从民族与先辈处汲取营养，枝繁叶茂。也唯有如此，个人与家国的梦想才不致化为白日梦。

这，正是我们梳理、追寻家风的必要性之所在。

　　平凡人家勤俭持家是家风一种，诗书之家勤勉治学也是家风一种。甚至，父辈走过弯路，幡然醒悟，以己为训，提醒后辈不要重蹈覆辙，也是传承家风的一种形式。著名学者、国学大师梁漱溟先生在 20 世纪 40 年代末写给其子梁培宽、梁培恕的家书中，便不讳言自己的父亲与自己在治学、为人上所走的弯路，以此告诫后辈，应审视时代进步，选择适合自己的人生之路。

　　1948 年 1 月，中国正处于解放战争尾声，社会动荡。梁培宽在此时写信给父亲，探究求学之道的方向。父亲梁漱溟坦陈，求学之道应与服务大众相联，同时还需反观自身短处，时时警醒。梁漱溟以自己早年的求学经历为例，细谈求学与实践二者之间的关系。梁漱溟早年因为父亲梁济（字巨川）痛心国家积贫积弱，认为文人误国，于是自读书伊始，便看轻学问，重视实践，尤其看轻文学、哲学，以为这两样学科是最无用处的学科。后来，梁漱溟在读书过程中被同辈朋友启迪，方了解到自己认识上的谬误，于是仔细审视时代特点，反思自我能力之长短，由此走上哲学研究之路。进而在社会生活中感受到有解决实际问题之迫切需要，于是又不知不觉涉足政界。因此，梁漱溟告诫培宽、培恕二子，在时代的风潮面前，必须首先对自我有清醒的认识，否则便会失去人生的方向，会随波逐流，也容易误入歧途。基于对自我的认识，再于治学与实践上选取自我最真切的要求，也即今天我们常说的"兴趣使然"，这样的人生，才不会陷入迷途泥泞。

　　梁漱溟还针对两个儿子性格、特长之不同，依据家风传统因材施教。他认为儿子培宽实践能力更强，且有从事伟业造福群众之愿，因此，希望培宽能暂时放下成大事的雄心，踏踏实实从基层小事做起；培恕则暂且不宜急于做事，应先在北京大学旁听半年，打好根基再说。

在这封写于 1948 年 2 月的家书的结尾，梁漱溟特别强调，自己早年走过弯路之后，特别有志于从事中国乡村建设，但尚未见到这方面的成绩。培宽若能子承父愿自然是做父亲的莫大的欣慰。但假如儿子在治学、实践方面另有一番追求，他也愿放手给儿子发展的自由，而不会像当年自己的父亲梁济那样给儿子趋于定势的发展方向，致使自己走了一段弯路。

在父亲梁漱溟的教导下，培宽、培恕二人相继找到了自己的人生方向。此信写毕两年，1950 年梁培宽考入清华大学生物系，"文化大革命"后被分配到中国科学院生物物理研究所；梁培恕 1951 年进入人民日报社国际部，1976 年被分配到中国社会科学院苏联研究所，后又调往美国研究所。兄弟二人虽未能如父亲一般从事国学研究，但依然在自己的岗位上践行着梁家的家风，实现了自己的价值。

可见，家风虽传承自前辈人，但它并不是长辈束缚后辈的枷锁。相反，家风是一笔宝贵的隐形财富，它帮助后来者在历史长河中定位自己，特别是在动荡的岁月中，在年轻的风帆被巨浪席卷几乎看不到航程的时候，来自家族的有益训诫不但可以帮助年轻人拨开迷雾，也可给予年轻人以勇气与自省。

21 世纪的年轻人，想必最不缺乏的就是自信了。但自信稍不留意就有变成自负的危险。因此，传承家风，在家族认同与时代发展中更清醒、更准确地认识自我，知道"我"是谁、"我"来自何处、"我"的梦想将在何处扎根，这对于年轻人的航程而言不啻于一柄厚实的船舵。也许，在新世纪的城市迁徙过程中，许多家族由大变小、由聚而散，环境的彻底改变使得往日家风难觅踪迹，但在明确了家风的意义之后，我们不妨在崭新的环境与崭新的历史条件下构筑新的家风——历史不断被创造也不断被书写，如果我们不能成为接续历史的那一环，至少，我们还可以成为日后历史的开创者与书写者。这或长或短的家风，也正是构筑中华文明洪流的涓涓细流。

文化感悟

1. 俗谚云"富不过三代""三代出贵族"，这些话与承继家风有何关联？

2. 在家族观念式微的时代，我们该如何承继家风？

3. 古人崇尚的家风多以儒家精神为主导，新时代还有哪些家风值得我们传承？

第七章　尊师勤学

文化典籍

一 子路师从孔子

【原文选读】

　　孔子谓子路曰："汝何好?"子路曰："好长剑。"孔子曰："非此之问也，请以汝之所能，加之以学，岂可及哉!"子路曰："学亦有益①乎?"孔子曰："夫人君无谏臣②则失政；士无教友③则失德；狂马不释④其策⑤，操弓不返于檠⑥；木受绳⑦则直，人受谏则圣；受学重问⑧，孰不顺成⑨；毁仁恶士，且近于刑⑩。君子不可以不学。"子路曰："南山有竹，弗揉⑪自直，斩而射之，通于犀革⑫，又何学为乎?"孔子曰："括而羽之⑬，镞而砥砺之⑭，其入不益⑮深乎?"子路拜曰："敬受教哉!"

（选自西汉·刘向《说苑·建本》）

注释：

①益：好处。

②谏臣：忠心耿直敢提意见的大臣。

③教友：可资请教的朋友。

④释：放。

⑤策：马鞭。

⑥檠（qíng）：矫正弓弩的器具。

⑦受绳：接受墨绳测量。意思是指木头按照墨绳画出来的印迹切割才能切出笔直的形状。

⑧受学重问：接受教导，重视向他人请教。

⑨顺成：顺承上天的施予而成功。

⑩刑：刑罚，此处意思是为非作歹太多那就离遭受刑罚不远了。

⑪揉：通"煣"，烤木使直。意思是经过加工。

⑫通于犀革：能够射穿犀牛皮。

⑬括而羽之：在箭尾装上箭羽。括，箭的末端。羽，装上箭羽。

⑭镞（zú）而砥砺之：装上箭头再磨锐利。镞，装上箭头。砥砺，磨砺。

⑮益：更加。

【文意疏通】

孔子对子路说："你有什么喜好？"子路回答说："我喜欢长剑。"孔子说："我不是问这方面。我想说的是以你的天赋，再加上学习，应该会在哪方面达到更好的才能呢？"子路说："学习能够增长我的能力吗？"孔子说："好比君王如果没有敢进谏的大臣，政事就会有错失；读书人如果没有能够指正自己缺点的朋友，品德就容易有缺失；对性情狂放的马不能放下鞭子，操弓射箭则不能随便更换辅正的檠；木材如果经过墨绳的测量再去切割就能变得笔直，人能接受善言规劝就能品格高尚；接受教导认真多问，没有什么学不成的；违背仁德专行恶事的人，随时要接受国法的制裁。所以说君子不能不学习。"子路说："南山有一种竹子，不须鞣烤加工就很笔直，削尖后射出去，能穿透犀牛的厚皮，所以有些东西天赋异禀又何必经过学习的过程呢？"孔子说："如果在箭尾安上羽毛，再装上金属的箭头并且磨得锐利，箭不是能射得更深更远吗？"子路听后拜谢说："真是受益良多啊！"

【义理揭示】

日常生活中，我们经常会感到，学习的过程中付出很多，却看不到直接的收益，用现在的话来说就是这种学习的"性价比"太低。甚至有时我们会觉得，很多东西我们已经完全知晓，无须学习。随着信息技术日益进步，人们可以通过互联网等途径获得更为丰富的知识，从师而学似乎正渐渐变成可有可无的事情。这个时候，我们需要静下心来看看这则记载于《说苑·建本》中的小故事。学习，在古人看来，其目的并不是要获得某种具体能力，总而言之，古人注重的是学习过程本身，而非学习的结果。学习是将个人与周边环境紧密相连的过程，在这个过程中，个人会自觉地对自己进行检省，于潜移默化中获得意志品质、行为规范等诸多方面的增益——这种增益往往是无形无痕又令人终身受益的。儒家认为"君子不器"，正因为君子的社会定位并非某种具体职能可以衡量，因此，孔子否认子路给出的"好长剑"之回答，转而引导子路从"能"与"学"并重的角度去深入思考个人的发展空间。由此可知，在古人的字典里，"学"不只是要学会什么，更是一种磨砺自我的途径。

二 晋平公炳烛而学

【原文选读】

晋平公①问于师旷②曰："吾年七十，欲学，恐已暮③矣。"师旷曰："何不炳烛④乎?"平公曰："安有为人臣而戏其君乎?"师旷曰："盲臣⑤安敢戏其君乎? 臣闻之：少而好学，如日出之阳；壮而好学，如日中之光；老而好学，如炳烛之明。炳烛之明，孰与昧行乎⑥?"平公曰："善哉!"

（选自西汉·刘向《说苑·建本》）

注释：

①晋平公：春秋时期晋国的国君。

②师旷：晋平公时的乐师，名旷。

③暮：晚。

④炳烛：点燃蜡烛（学习）。

⑤盲臣：师旷是盲人，故自称是"盲臣"。

⑥孰与昧行乎：和摸黑走路比，哪个更好呢? 昧行，在黑暗中行走。

【文意疏通】

晋平公问师旷说："我已经年过七旬，还想要学习，恐怕已经晚了吧。"师旷回答说："为什么不点燃蜡烛学习呢?"平公说："哪有做臣子的胆敢戏弄他的君王的呢?"师旷回答说："我怎敢戏弄我的君王呢? 我听说：年少时喜欢学习，就像是太阳刚刚出来时的阳光；壮年时喜欢学习，就像是正午时的光芒；老年时喜欢学习，就像是点燃蜡烛照明一样。点燃蜡烛照明与摸黑走路相比，哪个更好呢？"平公说："说得好啊！"

【义理揭示】

人总是有惰性的。每当我们已经有了强烈的学习意愿时，总有这样那样的琐事烦扰我们，破坏我们内心宏大的学习计划，这时，我们便会给自己各种借口"暂时"忘却之前强烈的学习意愿，最终内心的渴望也就不了了之了。师旷对晋平公的求学之勉让我们懂得，其实只要内心有学习意愿，无论这意愿产生于何时，我们完全无须纠结于学习起始点的早晚，只要付诸行动，便好过无知蒙昧的拖延。荀子在《劝学》中有言，"吾尝终日而思矣，不如须臾之所学也"，讲的不外乎就是师旷对晋平公的鼓励吧。

三 倪宽亦耕亦读

【原文选读】

倪宽，千乘①人也。治②《尚书》，事欧阳生③。以郡国选诣博士④，受业孔安国⑤。贫无资用，尝为弟子都养⑥。时行赁⑦作，带经而锄，休息辄读诵，其精如此。

（选自东汉·班固《汉书·倪宽传》）

注释：

①千乘：县名，属千乘郡，在今山东高青县东北。

②治：研究。

③欧阳生：字和伯，汉代千乘人，曾师从伏生学习《尚书》。

④以郡国选诣博士：凭借"郡国选诣博士"的身份。郡国，州郡地方学校。选诣，指量才授官。博士，古代专掌经学传授的学官。

⑤孔安国：西汉人，孔子后裔。曾由伏生传授《尚书》，为汉武帝博士，官至临淮太守。

⑥都养：指给众人生火做饭。都，众。养，烹饪。

⑦赁：租。

【文意疏通】

倪宽是西汉时期千乘人。他研习《尚书》，曾经师从于欧阳生。后来，他又凭借"郡国选诣博士"的身份，拜孔安国为师学习。因为倪宽家里贫困，缺少钱财，为了筹措学费，他曾经给众人生火做饭。倪宽时常租用别人的土地耕田，干农活时也带着经书劳作，休息时便诵读。他读书的专精竟然到了如此地步。

【义理揭示】

忙碌似乎是现代人无暇读书学习的最重要的理由。忙于工作、忙于照料家人等都成为阻碍我们与学习发生关联的各种"拦路虎"。倪宽亦耕亦读的故事给我们的启示便是他克服自身惰性，"带经而锄"，累了便以阅读儒家经典作为休息调节，这种惜时勤学的精神对于常以忙碌为由、在学业上偷懒耍滑的现代人来说，是一种莫大的鞭策。

四 匡衡凿壁偷光

【原文选读】

匡衡，字稚圭，勤学而无烛，邻居有烛而不逮①。衡乃穿壁②引其光，发书③映④光而读之。邑人大姓文不识⑤，家富多书，衡乃与其佣作而不求偿。主人怪问衡，衡曰："愿得主人书遍读之。"主人感叹，资给⑥以书，遂成大学⑦。衡能说《诗》，时人为之语曰："无说《诗》，匡鼎来；匡说《诗》，解人疑。"鼎，衡小名也。时人畏服⑧之如是。闻者皆解颐⑨欢笑。衡邑人有言《诗》者，衡从之与语，质疑。邑人挫服，倒屣⑩而去。衡追之，曰："先生留听，更理前论⑪！"邑人曰："穷⑫矣！"遂去不返。

（选自东汉·班固《汉书·匡衡传》）

注释：

①逮：到，及。

②穿壁：在墙上打洞。

③发书：翻开书。

④映：映照。

⑤邑人大姓文不识：同乡有个大户叫文不识。邑人，同乡人。大姓，大户人家。

⑥资给：资助。

⑦大学：大学问家。

⑧畏服：敬畏、佩服。

⑨解颐：开颜欢笑。

⑩倒屣（xǐ）：指从坐席上匆忙避开。

⑪更理前论：继续讨论刚才我们探讨的话题。

⑫穷：尽。此处是说与匡衡谈论《诗经》的人承认自己理屈词穷。

【文意疏通】

匡衡，字稚圭。他勤奋好学，但家中因为贫穷而买不起蜡烛来照明。邻居家有蜡烛，光线却照不到他家。匡衡就在墙上打洞，凿穿墙壁引来邻居家的烛光，翻开书映照着光来读。同乡有个大户叫文不识，家中有很多书。于是匡衡就到他家去做雇工却不求得到报酬。文不识对匡衡的举动感到奇怪，问他为何不要工钱，他说："我希望能够读遍主人家的书。"文不识感到惊叹，就把书借给他，最终匡衡成为大学问家。匡衡能够讲解《诗经》，人们为他编写了一首歌谣说："如果没人会讲《诗经》，那就立刻请匡鼎来；匡鼎一来讲《诗经》，人们的疑问全解开。"这里说的"鼎"，就是匡衡的小名。当时人们对他敬佩得就到了这个地步。听他讲解《诗经》的人都疑惑顿失，开颜欢笑而归。乡里也有个人讲解《诗经》，匡衡听说后就前去听讲，与这个人讨论《诗经》中的疑难问题。这个人辩论不过，对他十分佩服，倒穿着鞋子从坐席上匆忙跑开了。匡衡追上去说："先生请留步，听听我继续和你讨论刚才的问题。"那个人说："我讲不出什么来了。"于是就跑了，不再返回。

【义理揭示】

匡衡凿壁偷光的故事与车胤囊萤、孙康映雪一样，向来是鼓励寒门学子振奋精神、潜心治学的经典例子。《汉书》中记载的这段小故事带给我们的启示不仅仅停留在逆境求学这一层。匡衡在文不识的帮助下终成大学问家，乡里人公认他为解释《诗经》的权威。

听闻他人也讲《诗经》，他特地去听，并与人讨论《诗经》中的疑难问题，这是匡衡为学方面的谦逊精神之体现；当对方感到理屈词穷离席而去，他追出来请求继续讨论交流，这是其治学有道、精益求精的钻研精神之体现。所以，匡衡对学业的挚爱是不受境遇的顺逆、成就的大小影响的。他真正做到了以学为乐，以学为业。

五 桓荣讲诵不息

【原文选读】

桓荣初遭仓卒[①]，与族人桓元卿同饥厄[②]，而荣讲诵不息。元卿嗤[③]荣曰：“但自苦气力，何时复施用？”荣笑而不应。及为太常[④]，元卿叹曰：“我农家子，岂意[⑤]学之为利乃若是哉！”

（选自南朝宋·范晔《后汉书·桓荣丁鸿传》）

注释：

①仓卒：匆忙，此指社会动乱。

②饥厄：饥饿困顿。厄，困顿。

③嗤：嘲笑。

④太常：官职名称，负责祭祀礼乐及选拔人才。

⑤意：料想。

【文意疏通】

桓荣早年遭遇社会动乱，与同族的桓元卿同处饥饿困境之中，但桓荣不停地读书背诵。元卿嘲笑桓荣说：“这样苦读只是自讨苦

吃，白费力气，你读的这些东西什么时候再用得上呢？"桓荣笑着不回应他。等到桓荣后来任太常一职之时，元卿不禁感叹道："我像个农夫一样目光短浅啊，怎么能料到学习的好处竟然能像这样啊！"

【义理揭示】

当同族人桓元卿感叹"岂意学之为利乃若是哉"时，他真的懂得了桓荣在困厄中"讲诵不息"的意义了吗？昔年孔子在陈绝粮，"从者病，莫能兴"，困厄之中，圣人从容道来——"君子固穷，小人穷斯滥矣。"困厄考验的正是读书人的定力与信心。能在困厄中安然"讲诵不息"，这才是真君子之风度，其坦然处世坚韧为学之道不言自喻。《后汉书·桓荣丁鸿传》中记载，显宗即位之后，以尊师之礼对待桓荣，登门造访时，让桓荣面东而坐，尊称其为"大师"。显宗这样做的原因，显然是深谙桓荣德行修养高深，确有圣人风范。桓荣的同族人桓元卿仅仅看到求学之利，目光还是短浅了。

六　承宫樵薪苦学

【原文选读】

承宫，琅琊姑幕人。少孤①，年八岁，为人牧猪。乡里徐子盛明②《春秋》经，授诸生数百人。宫过其庐下，见诸生讲诵，好之，因忘其猪而听经。猪主怪其不还，行求索③。见而欲笞④之。门下生共禁，乃止，因留宫门下。樵薪执苦⑤，数十年间，遂通

其经。

（选自南朝宋·范晔《后汉书·承宫传》）

注释：

　　①孤：少而无父。

　　②明：精通。

　　③求索：找寻、搜寻。

　　④笞（chī）：鞭打。

　　⑤樵薪执苦：砍柴，干苦活。

【文意疏通】

　　承宫是琅琊姑幕人。他幼年丧父，八岁的时候，帮别人放猪。乡里的徐子盛精通《春秋》这本书，收了上百名学生在学堂里讲学。承宫从他房前经过，听到那些学生正在朗诵，感到很喜欢，便忘记了他的猪，而一心一意地听徐子盛讲解《春秋》。猪的主人对承宫放猪放了很久还未回来感到十分奇怪，便前去寻找承宫。结果，主人看见他在听人讲经书，很是生气，就想用竹鞭打他。学舍内的学生跑出来一起加以阻止，主人才没有打他。承宫于是就留在徐子盛门下学习。为此承宫经常上山砍柴，干苦活，很多年后，就精通了《春秋》这本书。

【义理揭示】

　　承宫的故事对于我们当下现实生活的启示意义可谓深矣。承宫学习的动力不是今天人们所讲的"知识改变命运"或"不能输在起跑线上"，他只是"见诸生讲诵，好之，因忘其猪而听经"，换

句话说，承宫的学习热情是天性使然。这种无功利性的学习最大程度地触发了人的主观能动性，因此他会用很多年的时间去研读一本书，甚至为了跟从老师徐子盛学习，他要为学舍上山砍柴多做苦工。但这就是承宫，他的学习动力源自天性，他的学习目的也简单质朴，因此他在学习过程中也就不以付出为辛苦，不去追求速度，而是关注学习的深度，终成大业。

七 任末陶然于学

【原文选读】

任末年十四时，学无常师①，负笈②不远险阻。每言："人而不学，则何以成？"或依林木之下，编茅为庵，削荆为笔，刻③树汁为墨。夜则映星望月，暗则缚麻蒿④以自照。观书有合意者，题⑤其衣裳，以记其事。门徒⑥悦其勤学，更以静衣易之⑦。临终诫曰："夫人好学，虽死犹存；不学者虽存，谓之行尸走肉耳！"

（选自东晋·王嘉《拾遗记·后汉》）

注释：

①常师：固定的老师。

②负笈（jí）：背着书箱。笈，书箱。

③刻：划破。

④缚麻蒿（hāo）：把麻蒿绑在一起。缚，捆扎。

⑤题：题写。

⑥门徒：此指学生。

⑦以静衣易之：用干净的衣服替换那写满字的衣服。静，通"净"。

【文意疏通】

任末14岁时，广泛求学没有固定的老师，他背着书箱跟着老师求学，从来不怕路远，不怕困难。他常常说："人如果不学习，那么凭什么可以成功呢？"任末有时靠在树下，编白茅为小屋，削荆条制成笔，划破树皮取树的汁液作为墨水。晚上就在星月的辉映下读书，遇上没有月亮的黑夜，他便点燃绑在一起的麻蒿取光。看书有领会的时候，他就把心得写在他的衣服上，用来记住这件事。学生们钦佩他的勤学精神，常用洗净的衣服换取他写满字的衣服。他快死时告诫别人说："人喜欢学习，即使死了也好像活着；不学习的人，即便是活着，也不过是行尸走肉罢了！"

【义理揭示】

任末是东汉时期的学者，他为求学不辞辛苦的精神非常值得我们今人学习。他学得博，所以无常师，而且自己主动去寻求老师，一旦认定了老师便背负书箱跟随老师学习，此为求学辛苦之一；物质条件有限，笔、墨这样最基本的学习用品都需要自己来做，此为求学辛苦之二；白天读书之余，他还须挑灯夜战，星月之下依然诵书不止，此为求学辛苦之三。即便有如此多的辛苦，任末好学之志不辍，甚至陶然于心有所得的学习收获，不拘小节地将其题写在衣服上，难怪他会得到学生的赞赏！正因为任末对学习的热爱到了如此程度，他才会说出"人的价值不在生死，而在学习与否"这样的话。今天的我们，是否能如古人这般将学习视为生命的必需品呢？

八 董遇善积"三余"

【原文选读】

董遇，字季直，性质讷①而好学。兴平中，关中扰乱，与兄季中依将军段煨。采稆负贩②，而常挟持经书，投闲习读，其兄笑之，而遇不改。

遇善治《老子》，为《老子》作训注。又善《左氏传》，更为作《朱墨别异》，人有从学者，遇不肯教，而云："必当先；读百遍！"言："读书百遍，其义自见③。"从学者云："苦渴无日④。"遇言："当以'三余'。"或问"三余"之意。遇言："冬者岁之余，夜者日之余，阴雨者时之余也。"

（选自西晋·陈寿《三国志·魏志·董遇传》）

注释：

①质讷（nè）：质朴木讷。

②采稆（lǔ）负贩：采摘野生的谷物，然后背着去卖。稆，野生的谷物。

③见：通"现"，显露出来。

④苦渴无日：苦于没有时间。

【文意疏通】

董遇，字季直，为人朴实敦厚，喜欢学习。兴平年间，关中李傕等人作乱，他与哥哥董季中便投奔到段煨将军处。他们经常采野生的谷物背回卖钱维持生活，每次外出采摘时，董遇都带着经书，有空闲就拿出书诵读，哥哥讥笑他，但他照样读书。

董遇对《老子》很有研究，为它作了注释。对《左传》也下过功夫，根据研究心得写成了《朱墨别异》。有读书人向他请教，他却不肯教，而是对人家说："读书一定要先读百遍。"又说："书读百遍，那书本中的意思自然就会显现出来。"请教的人说："只是苦于没有时间读书啊。"董遇说："应当用'三余'时间来读书。"有人问"三余"时间是指什么。董遇说："冬天没农活是一年里的空闲时间，夜间不能下地干活是一天里的空闲时间，阴雨天无法干活也是平常的空闲时间。"

【义理揭示】

我们时常会抱怨生活节奏太快，忙得人无暇读书，也静不下心来读书。此时，想想董遇的"三余"，问问自己，真的忙碌到任何闲余都没有的地步吗？绝大多数人的答案显然是否定的。那么，将这些闲余时间利用起来，惜时钻研，就算无法书读百遍，至少也确实做到了不教一日闲过吧。

九 皇甫谧①终悟正道

【原文选读】

（皇甫谧）年二十，不好学，游荡无度，或以为痴。尝得瓜果，辄进所后②叔母任氏。任氏曰："《孝经》云：'三牲之养，犹为不孝。'③汝今年余二十，目不存教，心不入道，无以慰我。"因叹曰："昔孟母三徙④以成仁，曾父烹豕⑤以存教，岂我居不卜邻⑥，教有所阙⑦？何尔鲁钝之甚也！修身笃学，自汝得之，于我何有？"因

对之流涕。谧乃感激⑧，就乡人席坦受书，勤力不怠。

居贫，躬自稼穑，带经而农，遂博综⑨典籍百家之言。沉静寡欲，始有高尚之志，以著述为务，自号玄晏先生。著《礼乐》《圣真》之论。后得风痹⑩疾，犹手不辍卷。

（选自唐·房玄龄《晋书·皇甫谧传》）

注释：

①皇甫谧（mì）：汉末魏晋时期著名学者。

②后：过继。

③三牲之养，犹为不孝：意为即使是用牛、羊、猪的肉供养父母，仍称不上是孝子。

④孟母三徙：孟母为教育孟子，三次迁居。

⑤曾父烹豕：曾参妻携子到市场，其子啼哭，母说归后为子杀猪。后见曾参捕猪杀之，妻止之，说与儿戏言。然而曾参认为不能失信于子，终杀猪以取信。

⑥卜邻：选择邻居。

⑦阙：通"缺"，缺失。

⑧感激：感动激奋。

⑨博综：博通，广泛通晓。

⑩风痹：中风，脑血管病。

【文意疏通】

皇甫谧到20岁还不好好学习，终日无限度地游荡，甚至有人认为他是个傻子。皇甫谧曾经得到一些瓜果，就进呈给他的姐姐任氏。任氏说："《孝经》说，'即使每天用牛、羊、猪三牲来奉养父母，仍然是不孝之人'。你今年二十多岁，眼中没有教育，心思不人正道，没有什么可以拿来安慰我的。"接着又叹息说："从前，孟母三迁，使孟子成为仁德的大儒；曾父杀猪使信守诺言的教育常存。难道是我没有选择好邻居，教育方法有所缺失吗？不然，你怎么会如此鲁莽愚蠢呢！修身立德，专心学习，受益的是你自己，跟我有什么关系呢！"说完，叔母面对皇甫谧流下了热泪。皇甫谧深受感动，于是到同乡席坦处学习，勤读不倦。

　　他家很贫穷，他在亲身参加农业劳动的时候带着儒家经典著作学习，终于博览通晓各种典籍和诸子百家的著作。皇甫谧性格恬静，读书之后，从此树立了高尚的志向，把写书作为自己的事业，并且自号"玄晏先生"。写有《礼乐》《圣真》等论著。后来他得了风痹症，仍然手不释卷。

【义理揭示】

　　历史上，大器晚成的例子数不胜数。皇甫谧的特别之处在于，促成其转变的重要动力是孝道。如果没有姊姊垂泪而言的一番话，恐怕皇甫谧的游荡无度到 30 岁也难有节制。姊姊的一番话里，最切中皇甫谧心弦的又是什么呢？大约就是"修身笃学，自汝得之，于我何有"了。只有明确了学习的最终目的是提升自己而非其他外在功利，人才会去思考、审视自我，从而做出彻底改变。而一旦彻底改变，这种经过深思熟虑之后选定的人生道路也就成了人通向成熟、成功的正途。所以，当身染风痹后，皇甫谧才会依然手不释卷，勤学不辍。

十 宋濂借书拜师

【原文选读】

余幼时即嗜学。家贫，无从致①书以观，每假借于藏书之家，手自笔录，计日以还。天大寒，砚冰②坚，手指不可屈伸，弗之怠。录毕，走送之，不敢稍逾约。以是人多以书假余，余因得遍观群书。既加冠③，益慕圣贤之道。又患无硕师名人与游④，尝趋百里外，从乡之先达⑤执经叩问。先达德隆望尊，门人弟子填其室，未尝稍降辞色⑥。余立侍左右，援疑质理⑦，俯身倾耳以请；或遇其叱咄，色愈恭，礼愈至，不敢出一言以复；俟其欣悦，则又请焉。故余虽愚，卒获有所闻。

当余之从师也，负箧曳屣⑧行深山巨谷中。穷冬烈风，大雪深数尺，足肤皲裂⑨而不知。至舍，四肢僵劲不能动，媵人持汤沃灌⑩，以衾⑪拥覆，久而乃和。寓逆旅，主人日再食⑫，无鲜肥滋味之享。同舍生皆被⑬绮绣，戴朱缨宝饰之帽，腰白玉之环，左佩刀，右备容臭⑭，烨然⑮若神人；余则缊袍敝衣处其间，略无慕艳意，以中有足乐者，不知口体之奉不若人也。盖余之勤且艰若此。

（选自明·宋濂《送东阳马生序》）

注释：

①致：得到，此处可以引申为"买"。

②冰：结冰。

③加冠：古代男子二十岁行加冠礼，表示成年。

④游：交往。

⑤先达：德行高、学问深的知名前辈。

⑥稍降辞色：稍微缓和脸色。辞色，说的话和说话时的神态。

⑦援疑质理：提出疑难，询问道理。援，提出。质，询问。

⑧负箧（qiè）曳屣（xǐ）：背着书箱，拖着鞋子。箧，书箱。屣，鞋。

⑨皲（jūn）裂：皮肤因冻而干裂。

⑩四肢僵劲不能动，媵（yìng）人持汤沃灌：四肢被冻得僵硬不能动弹，侍女拿着热水为我洗手。灌，通"盥"，洗。

⑪衾（qīn）：被子。

⑫寓逆旅，主人日再食：住在旅馆主人家里，主人每天只给提供两顿饭。逆旅，旅馆。

⑬被：通"披"，穿着。

⑭容臭（xiù）：香袋。

⑮烨（yè）然：光彩照人的样子。

【文意疏通】

我小时候就特别喜欢读书。家里贫穷，没有办法买书来读，常常向藏书的人家去借，借来就亲手抄写，计算着日期按时送还。天很冷时，砚池里的水结成坚硬的冰，手指冻得不能弯曲或伸直，也不因此停止。抄写完了，赶快跑去送还借书，不敢稍稍超过约定的期限。因此人家多愿意把书借给我，我于是能够读到很多书。成年以后，我更加仰慕古代圣贤的学说，又担心没有才学渊博的老师和名人相交往请教。我曾跑到百里以外向同乡有名望的前辈拿着书请教。前辈道德、声望高，高人弟子挤满了他的屋子，他从来没有把语言放委婉些，把脸色放温和些。我恭敬地站在他旁边，提出疑难，询问道理，弯着身子侧着耳朵请教；有时遇到他斥责人，我的表情更加恭顺，礼节更加周到，一句话不敢回答；等到他高兴了，

就又请教。所以我虽很笨，终于获得许多教益。

当我去求师的时候，背着书箱，拖着鞋子，在深山大谷中奔走。深冬刮着凛冽的寒风，大雪有几尺深，脚上的皮肤冻裂了都不知道。等走到旅舍，四肢冻僵了不能动弹，服侍的人拿来热水给我洗手暖脚，拿被子给我盖上，过很久才暖和过来。在旅馆里，每天只吃两顿饭，没有鲜美的食物可以享受。一起住旅馆的同学，都穿着华美的衣服戴着红缨和宝石装饰的帽子，腰上佩带白玉环，左边佩着刀，右边挂着香袋，闪光耀眼好像仙人一样。而我却穿着破棉袄旧衣衫生活在他们中间，毫无羡慕的心思。因为我心中有自己的乐趣，不感到吃穿的享受不如别人了。我求学时的勤恳艰辛情况大体如此。

【义理揭示】

宋濂求学的自述让我们深深感受到其求学之艰难。缺少书籍，就借书来抄写；没有名师指点，就远赴百里外慕名请教；老师严厉，则以弟子礼谦恭迎候；物质条件艰苦，则以丰富的精神世界克服外物阻碍。他克服诸多艰难的学习历程最终使我们明白，在某些时候，人对知识的渴求可能并不是要获得来自物质世界的某种报偿，而仅仅是要通过学习来砥砺心性，从而获得"中有足乐"的精神享受。

荀子《劝学》开篇即言，"学不可以已"。这振聋发聩之声激

励千年学子薪火相承，有志于学，于是才有我们今天看到的这些尊师勤学的小故事。

学习究竟能给人带来什么好处？早在春秋时期，子路便发出这样的疑问。对此，孔子循循善诱，以生活中常见的种种境况为喻，劝勉子路放弃短视的功利主义学习，踏实深入到学习过程之中，提升心性。子路不甘心就此败北，于是紧逼一步，"假若天性聪颖，再学又有何增益"？孔子以箭羽、箭镞给武器增力为喻——浅层而言学习会令聪明人锦上添花，深层而言学无止境，粗粗而学永远比不上精深钻研。孔门弟子中，颜回显然比子路更清楚学习的境界大有差异。这位最受孔子喜爱的学生曾喟然感叹："仰之弥高，钻之弥坚，瞻之在前，忽焉在后。夫子循循然善诱人，博我以文，约我以礼，欲罢不能。既竭吾才，如有所立卓尔。虽欲从之，末由也已。"

从古到今，在学习的过程中，我们总会遇到这样那样的困难。人总是有惰性的，家境贫寒读不起书、起点低起步晚、忙碌奔波无暇读书等总会成为我们自我安慰、远离勤学的借口。汉代倪宽、匡衡与承宫在贫寒中仍勤学不辍的故事让我们反思，恶劣的物质条件是否一定会成为阻碍我们走进知识殿堂的拦路虎？自古寒门出学子，自古寒门出贵子。有时候，贫寒正是促人学习的动力，正如今天我们强调"知识改变命运"。物质条件看似构成对人莫大的束缚，假若可以挣脱这层浅浅的羁绊，人就会获得一个更为深广的精神世界。皇甫谧加冠后经婶母点醒方才终止浪荡潜心治学，晋平公年逾古稀仍有志于学，他们的勤学故事启示我们：年长不该成为人惰于学习的借口。北宋文坛赫赫有名的苏洵，不也是在 27 岁时才幡然醒悟，"始发奋，读书籍"的吗？可见，学习并没有所谓的"起跑

线"，自然也无"终点线"。忙碌似乎是现代人疏远书卷最好的借口。一日光阴有限，琐事却纷扰无边，因此，"暂时搁置读书学习，忙完手头事再说"似乎成了我们日常生活的惯例。但每一天都是新的，每一天也就有新的事情需要我们去完成，于是"暂时搁置"渐渐变成"永久搁置"。董遇、唐太宗与欧阳修的故事启示我们，闲余光阴积少成多，只要求学者能重视这些碎片化的时间，真正做到惜时如金，那么忙碌就无法使我们与勤学疏远。

学习并非易事。因为有时候，仅仅有我们主观的努力也许还不够，我们不仅需要良师益友的指点，需要选择适合自己的方向，更需要在周围环境不利于我们的求学时振奋精神。宋濂在回顾自己求学历程时，特别注重从师学习这一环节。当地没有学问丰厚的大师，他便赴百里之外跟从有名望的前辈学习。尽管前辈态度严厉，宋濂不改谦恭有礼之态，为学有所得，放低姿态也是理所应当。如果说，贫寒、迟悟与忙碌是我们在求学中需要克服的外部障碍，那么谦恭、理性与坚持就是我们在求学中必须具备的内在素养，唯其如此，学才会真的如荀子所言，进入一种自发的"不已"状态。

孔子对子路的教诲让我们明白了学习之功，但我们也必须追问自己，我学习的目的是为了什么？钱理群先生哀叹中国教育仅仅培养了"精致的利己主义者"。这哀叹说明，当今学子的学习目的出现了偏差。因此，讲尊师勤学，我们还应关注古人学习的目的。桓荣于困厄中"讲诵不息"，此为谦谦君子之节，手不释卷，心不违仁。乱世中，学习使得一颗淡泊宁静之心得到最大的呵护，再多纷扰，不过是贤者历练心性的增益，此之谓"修身养性"。任末将学视为人之成立根本，因其有本，故于贫寒中从容治学，"编茅为庵，削荆为笔，刻汁为墨"，每有会意，欣然书于衣襟之上。这些行为

215

虽与世俗不容，但其沉浸于精神世界的陶然之乐足以动人。可见，学习对古人而言，甚至可以成为其安身立命的基础。这种去功利化的勤学，因其目的纯净，求学者于学习过程中方能欣然有得，不为分数纠结，不为就业发愁，甚至可以因学而忘却现实困厄。这种境界，值得今人学习，更值得今人反思。

也许，今天的我们正是太在意学的结果，忽略了学习过程本身的意义。若果真"实迷途其未远"，那么且从今日始，回归学习本身吧。

文化传递

1910年，钱钟书出身于江苏无锡的一个诗书世家。他自幼接受中国传统经史方面的教育，13岁进入美国圣公会办的苏州桃坞中学学习，接受西式教育。这样的教育经历于他而言，真可谓是从小就埋下了"学贯中西"的种子。1929年，19岁的钱钟书考入清华大学外文系，立即名震校园。他的名气不仅来自他数学只考了15分的"传奇"，更主要的是他的国文、英文水平使不少同学佩服得五体投地。他的中文造诣深，精于哲学及心理学，一进校就立下志愿要"横扫清华图书馆"，所以他的大学生活里没有旋转的舞步、纷繁的社交，终日沉浸在图书馆里，博览中西新旧书籍。

除了在哲学及心理学方面颇有造诣之外，钱钟书博学多能，在日后的研究生涯中，兼通数国外语，学贯中西。离开清华校园后，钱钟书致力于人文社会科学研究，淡泊名利，甘愿寂寞，在文学创作和学术研究两方面均作出了卓越成绩，饮誉海内外，为国家和民族作出了卓越贡献，培养了几代学人，被后人誉为"文化昆仑"。凡是与钱钟书打过交道的人，哪怕是与钱钟书仅仅交谈过一次，都会对他广博的学问、深刻的思维、敏捷的反应而叹为观止。诚然，他有超人的天资禀赋，但更令人惊叹的还是他的勤奋苦读和治学严谨。

据 20 世纪 50 年代在文学研究所工作的一些同志回忆，当时钱钟书已经是闻名遐迩的大学者了，但每次只要有人走入文学研究所的线装书库，都会撞见正在查找典籍的钱钟书。他拿着铅笔和笔记本，不断地翻检书籍，不断抄录、做笔记，常常忘记时间。有时，他也会在那里向青年人介绍各类古籍，告诉他们这些书的插架所在，历历如数家珍，足见他对这座藏书宝库的熟悉程度了。文学研究所图书馆馆藏线装书十分丰富，许多线装书的借阅卡上只有钱钟书一个人的名字。图书室当年收藏了许多好书，特别是珍贵的外文书，其中不少就是钱钟书帮助订购或搜寻来的。据说他对精读过的每一部书都反复批点，有的连页眉、页脚两头和页边都写满了，再也找不到一点空地方。他的夫人杨绛先生曾在一篇文章中回忆说，钱钟书撰著《管锥编》时，她为他整理、检点笔记本，整整费了两天工夫，装了几大麻袋！不仅如此，几乎每一部钱钟书的著作在重印或再版时都要做大大小小的修改。他的《谈艺录》初版于 1948年，到 1984 年再版，所作的补订，文字量几乎与原作相等。补订本不但增加了对中国古代文论的辨析和阐发，还大量吸收了西方新学科、新理论的研究成果，使这部 30 多年前的书依旧能够傲然屹立在当今时代的学术前沿。

文化感悟

1. 在信息时代，我们获取知识的途径越来越多，我们得到知识也越来越便捷。在这样的情况下，我们是否还有必要继承古人"书读百遍"的风尚？

2. 贫困与忙碌向来是阻碍人们求学的障碍。读了古人克服困难勤勉治学的故事，你将会如何克服自己学习中的障碍？

3. 古人有"一日为师，终身为父"的说法，在现代社会，这种说法是否还有存在的意义？请谈谈你的看法。

第八章 乐善好施

一 范蠡两散其金

【原文选读】

范蠡既雪会稽之耻①，乃乘扁舟浮②于江湖，变名易姓。之陶为朱公③。朱公以为陶天下之中，诸侯四通，货物所交易也。乃治产积居④。与时逐而不责于人⑤。故善治生者，能择人而任时⑥。十九年之中三致⑦千金，再分散与贫交疏昆弟⑧。此所谓富好行其德者也。故言富者皆称⑨陶朱公。

（选自西汉·司马迁《史记·货殖列传》）

注释：

①范蠡（lǐ）既雪会稽之耻：范蠡帮助越王勾践打败吴国，洗雪了会稽被困的耻辱之后。

②浮：漂泊。

③之陶为朱公：到了陶这块地方改名叫"朱公"。之，到。陶，在今山东定陶县西北。

④治产积居：经营产业，囤积货物。

⑤与时逐而不责于人：顺应时机的变化逐利而不责求别人。责，责求。

⑥能择人而任时：能够择用有能力的人，把握时机。

⑦致：到达，得到。

⑧再分散与贫交疏昆弟：两次把钱财分给贫穷的朋友和远房的兄弟们。再，两次。疏昆弟，远房同姓兄弟。

⑨称：称赞，称颂。

【文意疏通】

范蠡既已协助越王洗雪了会稽被困之耻，便乘坐小船漂泊江湖，改名换姓，到了陶邑改名叫"朱公"。朱公认为陶邑居于天下中心，与各地诸侯国四通八达，交流货物十分便利。于是就治理产业，囤积居奇，随机应变，与时逐利，而不责求他人。所以，善于经营致富的人，能够择用贤人并把握时机。19年间，他多次将财富积累到千金，又两次把全部财产分散给贫穷的朋友和远房同姓的兄弟。这就是所谓君子富有便喜好去做仁德之事。所以，后世谈论富翁时，都称颂陶朱公。

【义理揭示】

历史上功成名就选择归隐的人很多。归隐之后以自己资财助人困窘者，陶朱公大约可算史上第一人吧。最令人赞赏的不是他19年间多次富"致千金"的经历，而是他两次把千金之财分给贫困者。比起为富不仁者、贪得无厌者，陶朱公的所作所为确实难能可

贵。今天，社会的价值判断逐渐趋向以金钱作为衡量成功的标准，这本没有什么问题，只是利益所趋之处却不见仁德所善。究其原因，大约是富贵与道德难以并存吧。若陶朱公再世，他会对此世象作何感慨？

二 萧子良助贫赈灾

【原文选读】

竟陵文宣王子良，字云英，武帝第二子也。子良敦义爱古，郡人朱百年有至行^①，先卒^②，赐其妻米百斛，蠲^③一人，给其薪苏^④。时有山阴人孔平诣^⑤子良，讼嫂市米负钱不还。子良叹曰："昔高文通与寡嫂讼田^⑥，义异于此。"乃赐米钱以偿平。

建元二年，穆妃薨，去官，仍为丹阳尹，开私仓振^⑦属县贫人。

是时上新视政，水旱不时。子良密启^⑧请原除逋租^⑨，又陈宽刑息役，轻赋省徭。劝人为善，未尝厌倦，以此终致盛名。九年，都下大水，吴兴偏剧^⑩，子良开仓振救贫病不能立者，于第^⑪北立廨^⑫收养^⑬，给衣及药。

（选自唐·李延寿《南史·齐武帝诸子列传》）

注释：

①至行：卓绝的品行。

②卒：去世。

③蠲（juān）：免除赋税或徭役。

④薪苏：柴火。

⑤诣：拜访。

⑥高文通与寡嫂讼田：《后汉书·逸人传》中记载，高凤不愿做官，"太守连召请，恐不得免，自言本巫家，不应为吏，又诈与寡嫂讼田。遂不仕"。此处用典是反其意，为萧子良委婉地批评孔平待寡嫂太刻薄。

⑦振：通"赈"，赈救。

⑧密启：秘密启奏。

⑨逋（bū）租：欠租。

⑩吴兴偏剧：吴地水灾最严重。

⑪第：府第。

⑫廨（xiè）：原指官署，此处引申为房屋。

⑬收养：收留奉养。

【文意疏通】

竟陵文宣王萧子良，字云英，是齐武帝的第二个儿子。萧子良性格敦厚正义遵奉古道。当时郡内有个叫朱百年的人，品格特别高洁，不幸早亡，萧子良为表示对此人的钦佩之情，就赏赐给朱百年的妻子百斛米，免除他家一个人的徭役，同时还送给他家很多柴火。当时有个叫孔平的山阴人来拜访萧子良，向他控诉自己的嫂子卖米却不还欠自己的钱。萧子良感叹说："从前高文通为了不做官，假说自己为争夺田产与寡嫂对簿公堂，终得偿所愿不必出仕，保全名节。同是诉讼自己的嫂嫂，人家是为保名节，你却是待人有失厚道，二者差距真大啊。"于是萧子良就赐给他钱，补偿他没得到的卖米收益。

建元二年，穆妃去世，萧子良便辞官不做，但仍然掌管丹阳郡，当地发生灾荒，他就从自己的私家仓库中拿出粮食赈救郡县内的穷苦人。

当时齐武帝刚刚执政，经常发生水灾、旱灾，萧子良秘密请求皇上免除百姓拖欠的租税。另外还陈请放宽刑罚，停止劳役，减轻赋税。他勉励人追求善德，从不曾感到厌倦，正因为这样的行为，他最终赢得很好的名声。永明九年时，都城周围发生水灾，吴地最为严重，萧子良打开粮仓赈济救助贫穷生病无法生存的人，在府第北边建造起房屋，收留养活他们，并提供给他们衣服和药品。

【义理揭示】

南朝齐武帝的次子萧子良虽贵为皇子，但其志不在享高官厚禄，而在以仁义之道与佛教慈爱救助苍生。他帮助朱百年的遗孀、委婉批评孔平待人刻薄，都是从遵奉儒家道义的角度出发行事；他两度开私仓赈灾、上书请求宽以养民，则是因笃信佛教，心怀慈悲而为。此外，《南史》中还记载，他与哥哥萧长懋共同设立"六疾馆"以养穷人，该馆被认为是中国最早的慈善机构。虽然萧子良34岁即英年早逝，但他在多地推行的善待百姓、予贫穷者尊严与呵护的行为深得后世肯定。国学大师汤用彤曾赞叹，"竟陵王者，乃一诚恳之宗教徒也"。

三 严植之勇毅行善

【原文选读】

严植之，字孝源，建平秭归人也。齐永明中，始起家为庐陵王国侍郎，迁①广汉王国右常侍。王诛，国人莫敢视，植之独奔②哭，手营殡殓③，徒跣④送丧墓所，为起冢⑤，葬毕乃还，当时义之。

植之性慈仁，好行阴德⑥，在暗室⑦未尝怠也。少尝山行，见一患者，植之问其姓名，不能答，载与俱归，为营医药，六日而死。植之为棺殓殡之，卒不知何许人也。尝缘⑧栅塘行，见患人卧塘侧。植之下车问其故，云姓黄氏，家本荆州，为人佣赁⑨，疾既危笃⑩，船主将发，弃之于岸。植之心恻然⑪，载还治之，经年⑫而黄氏差⑬，请终身充奴仆以报厚恩。植之不受，遗⑭以资粮，遣之。其义行多如此。

（选自南朝·姚察《梁书·严植之传》）

注释：

①迁：官职调动。

②奔：奔丧。

③手营殡殓：亲自操办葬事。

④徒跣（xiǎn）：赤着脚。

⑤冢：坟墓。

⑥好行阴德：喜欢在暗中做有德于人的事。

⑦暗室：特指别人看不见的地方。

⑧缘：沿着。

⑨佣赁：雇用。

⑩危笃：病情危险、深重。

⑪恻然：怜悯悲伤的样子。

⑫经年：经过一年或若干年。

⑬差：通"瘥"，痊愈。

⑭遗：送给，赠给。

【文意疏通】

　　严植之，字孝源，是建平秭归人。南朝齐永明年间，他最初凭借担任庐陵王国侍郎起家，后来升迁任广汉王国右常侍。王被杀后，当地没有人敢为其殓葬，独有严植之亲手为其操持殡殓，赤着脚将他的棺木送到下葬的地方，并且亲手为他修建坟墓，这一切都安顿好了才离开，当时的人都将他这样的行为视作义举。

　　严植之生性仁慈，喜欢暗中帮助别人，不求感谢，即使在没人看到的地方也未曾有丝毫懈怠。年轻时，有一次他在山间行走，遇到一个患病的人，他问那个人的姓名，但对方无法应答，于是严植之就将此人用车载回家，帮他寻医问药，六天后这个无名之人死去了。严植之为他装备棺木安葬了他，直到下葬也不知这个人的身份。还有一次，严植之沿着有栅栏围护的水塘边走，偶然看见一个人躺在地上。他下车询问，得知此人姓黄，是荆州人，因家贫外出帮工，近来身患重病，被急于赶路的船主抛在岸上。严植之很同情他，于是将此人接回家中，为他治病。一年之后，姓黄的病人康复了，为了感谢严植之，他恳切表示愿留在严植之府中终身充当奴仆，以报答救命大恩。严植之谢绝了，并取出钱和干粮送给他，让他回到自己的家乡。严植之的善举大多像这样子。

【义理揭示】

　　严植之行善，敢做他人不敢为之事。自己侍奉的主人被诛杀，其他人避之唯恐不及，生怕惹火烧身，严植之却将礼法放在个人安危前面考虑。死者为大，下葬就是对逝者尊严最大的保全，于是，他挺身而出代为收敛安葬；路遇陌生人患重病难以支撑，其他人多半会置之不理，最多也就是询问病情即各自赶路，严植之两次遇到此种情况均将病患载回自己家中，不怕传染疾病，不念病愈回报，仅仅是要救人而已。因此，他的善举彰显着君子内心的勇毅。善念人人皆有，但不是每个人都能将内心善良的想法转化为实际生活中的善行。我们常常会在利他与利己间犹豫斟酌，严植之的故事无疑令我们反观自身时心涌愧怍。

四 孝文帝鼓励施粥

【原文选读】

七年春正月丁卯^①，诏青、齐、光、东徐四州之民，户运仓粟二十石^②，送瑕丘、琅邪，复租^③算一年。三月甲戌，以冀定二州民饥，诏郡县为粥于路以食之^④，又弛关津之禁^⑤，任其去来。

夏四月庚子，幸^⑥崞山，赐所过鳏寡不能自存者^⑦衣服粟帛。

六月，定州上言，为粥给饥人，所活九十四万七千余口。

九月壬寅，冀州上言，为粥给饥民，所活七十五万一千七百余口。

庚午，开林虑山禁^⑧，与民共之。诏以州镇^⑨十三民饥，开仓赈恤。

（选自北齐·魏收《魏书·高祖纪》）

注释：

①丁卯：干支纪日法，后面的甲戌、庚子、壬寅、庚午等，都是按照干支纪日法对应的某一个日期。

②户运仓粟二十石（dàn）：每户负责运送二十石粮食。石，十斗为一石。

③复租：免除赋税。

④为粥于路以食之：在路边施粥给流亡的灾民们吃。

⑤弛关津之禁：放松关隘和渡口的关卡。

⑥幸：皇帝巡视到某处。

⑦所过鳏寡不能自存者：（皇帝）所看望的不能自己谋生的无子的老人和无夫的老妇。

⑧开林虑山禁：放开林虑山，让百姓可以上山砍柴打猎。林虑山，在河南安阳。

⑨州镇：一方重镇。

【文意疏通】

魏孝文帝在太和七年春天农历正月丁卯那天，下令让青、齐、光、东齐四州的百姓帮助朝廷运送粮食。每户负责二十石粮食，运到瑕丘和琅邪后就可免除一年的赋税。三月甲戌那天，又因为冀州、定州两个地方的百姓发生饥荒，孝文帝就下令让各州郡县在路边施粥来给贫苦无依的人吃。又放松了水上和陆上的边境关卡限制，任凭百姓随意迁徙避灾。

夏季四月庚子那天，孝文帝来到崞山巡视，看望那些无法独自生存下去的没有儿子的老人和失去丈夫的老妇，并赏赐他们衣服和食物。

六月份的时候，定州上书给皇帝，报告当地施粥给饥饿的百姓，救活了九十四万七千多人。

九月壬寅那天，冀州也上书说，当地施粥给饥民，救活了七十五万一千七百多人。

十二月庚午那天，孝文帝下令开放林虑山，与百姓共同享有山林的物产。又下令，因为13个地区的百姓饥饿，要地方官开仓放粮，救济慰问受灾者。

【义理揭示】

虽然赈济灾民是贵为天子的魏孝文帝应尽的职责，但翻看史书，能像他这样不断关心民生疾苦、亲自出现在赈灾第一线的帝王也并不多见。所谓身先士卒、率先垂范大抵便是如此吧。在魏孝文帝宽宥百姓辛劳、怜悯体恤百姓的仁德行为感召之下，定州、冀州的地方官也效仿皇帝，施粥给灾民。那微薄的粥汤粗略算来也挽救了一百七十多万条生命啊！太和七年的年景虽然很糟糕，但相信老百姓对新生活的憧憬一定很美好，因为他们深切感受到了一位仁德君王的眷顾。

五 辛公义改变陋习

【原文选读】

辛公义，陇西狄道人也。公义早孤①，为母氏所养，亲授书传。周天和中，选良家子②任太学生，以勤苦著称。武帝时，召入露门学③，令受道义。每月集御前④令与大儒讲论，数被嗟异⑤，时辈慕之。

从军平陈，以功除⑥岷州刺史。土俗⑦畏病，若一人有疾，即合家避之，父子夫妻不相看养，孝义道绝，由是病者多死。公义患之，欲变其俗。因分遣官人巡检部内，凡有疾病，皆以床舆⑧来，安置厅事⑨。暑月疫时，病人或至数百，厅廊悉满。公义亲设一榻，独坐其间，终日连夕，对之理事。所得秩俸⑩，尽用市⑪药，为迎医疗之，躬劝其饮食，于是悉差^⑫，方召其亲戚而谕^⑬之曰："死生由命，不关相着^⑭。前汝弃之，所以死耳。今我聚病者，坐卧其间，若言相染，那得^⑮不死，病儿复差！汝等勿复信之。"诸病家子孙惭谢而去。后人有遇病者，争就使君，其家无亲属，因留养之。始相慈爱，此风遂革，合境之内呼为慈母。

（选自唐·魏征《隋书·循吏传》）

注释：

①孤：少儿无父。

②良家子：旧时指出身良家的年轻人。

③露门学：北周学校名，教授皇太子及贵族子弟。

④御前：皇帝面前。

⑤嗟异：感叹优异出色。

⑥除：授予官职。

⑦土俗：当地风俗。

⑧床舆：一种供人卧于其中的轿子。

⑨厅事：官府办公的地方。

⑩秩俸：秩禄，俸禄。

⑪市：买。

⑫差：通"瘥"，痊愈。

⑬谕：告诉。

⑭不关相着：与相互接触无关。着，接触。

⑮那得：哪得，怎么能。那，通"哪"。

【文意疏通】

辛公义是陇西狄道人。他早年丧父，被母亲养大，母亲还亲自教他读儒家经典。北周天和年间，辛公义被国家选中做太学生，读书期间凭借自身努力学习，得到他人交口称赞。武帝执政时，辛公义被召入露门学校学习儒家道义。每月他都有机会在皇帝面前与大儒们论辩，凭借自己的所学，辛公义多次令大家刮目相看，与他同在露门学读书的学生们非常仰慕他的才学。

后来辛公义参军平定陈归来，因为战功而受封赏，被授予岷州刺史的官职。岷州当地有一种陋习，凡是家里有人生了病，大家都害怕染上，于是全家都极力躲避病患，甚至父子夫妻这样至亲的人患病都无人照料，整个地区缺少孝义，因此病人往往因得不到照顾和治疗而病情加重，很快死去。辛公义对此状况忧心忡忡，想要改变这种陋习。于是他分别派遣手下人到处巡查，发现有患病者，立刻用轿子把他们抬到衙门里来，安置在官府办公的地方。夏天发生大疫情时，病人的数量甚至可能增加到数百人，整个官府厅堂和走廊几乎全都是病人。辛公义在病人身边放置一张榻，只身一人坐在数百病人中间，一连多日边照看病人边处理政务。他的俸禄也都用来给病人买药、请医生，同时，他还亲自鼓励病人多加饮食，就在这样的悉心呵护下，所有的病人最终都痊愈了。于是辛公义叫来病人们的亲属告诫他们说："生死原本有命运安排，病人的患病、死亡和人们的互相接触无关。以前本地人生病之所以会死，是因为你们放弃了对他们的照顾。现在我将患病的人都聚集在官府，我与他们密切接触，如果说你们怀疑这疫病会传染，那我岂不是早就病死了？所以你们不要以讹传讹，随意听信谣言。"许多病人家属听了这番话之后都惭愧地道歉，带着亲人离开了。后来当地人再遇到类

似情况，就会通报给官府，那些没有亲属的病人就被官府收留调养。从此，岷州地区民风大为转变，辛公义因为待人慈爱，被全境的人尊称为"慈母"。

【义理揭示】

辛公义的故事让我们看到了行善的巨大力量。这力量不仅仅是拯救数百岷州病患于死亡那么简单，在辛公义以亲身实践证明疫病并不会传染、精心呵护可得痊愈后，岷州当地的民风也因之由冷漠转变为淳朴。对照我们今天的社会，当我们时常慨叹"人心不古"时，我们能否像辛公义一样无视他人的冷漠，自己先将古道热肠抛洒向周遭？当沉默的大多数面对恶行选择退缩时，我们能否像辛公义一样积极行善，扩散正能量？圣人云："勿以善小而不为"，说的就是辛公义这种点滴善行终致撼动冷漠习俗的巨大力量吧。

六 李士谦赈施为务

【原文选读】

李士谦，字子约，赵郡平棘人也。家富于财，躬①处节俭，每以振施②为务。州里有丧事不办者，辄奔走赴之，随乏③供给。有兄弟分财不均，至相阋讼④，士谦闻而出财，补其少者，令与多者相埒⑤。兄弟愧惧，更相推让，卒为善士。有牛犯其田者，士谦牵置凉处饲之，过⑥于本主。望见盗刈⑦其禾黍者，默而避之。其家童尝执盗粟者，士谦慰谕⑧之曰："穷困所致，义无相责。"遂令放之。

其后出粟数千石，以贷⑨乡人，值年谷不登⑩，债家无以偿，皆来致谢⑪。士谦曰："吾家余粟，本图赈赡⑫，岂求利哉！"于是悉召债家，为设酒食，对之燔契⑬，曰："债了矣，幸勿为念也。"各令罢去。明年大熟，债家争来偿谦，谦拒之，一无所受。他年又大饥，多有死者，士谦馨竭⑭家资，为之糜粥，赖以全活者千万计。至春，又出粮种，分给贫乏。赵郡农民德⑮之。

（选自唐·魏征《隋书·李士谦传》）

注释：

①躬：亲身，亲自。

②振施：赈救，施舍。振，通"赈"。

③随乏：按照困乏的程度。

④阋（xì）讼：争讼，争论。

⑤埒（liè）：等同。

⑥过：超过。

⑦刈（yì）：割。

⑧慰谕：抚慰，宽慰晓喻。

⑨贷：借。

⑩登：谷物成熟。此处指丰收。

⑪致谢：道歉。

⑫赈赡：用财物周济。

⑬燔（fán）契：焚烧借据。

⑭馨（qìng）竭：用尽。

⑮德：感激。

【文意疏通】

李士谦，字子约，是赵郡平棘人。他家里富裕，但自己处处都很节俭，常常以帮助别人为责任。州里有死了人但家里无钱安葬的，李士谦总是立刻奔赴那儿，按照丧事的需要供给钱财。有兄弟间财产分配不均，发展到互相争吵告状的，他听说之后就拿出自己的钱财给了财产分配少的那个，使他的财产和分得多的相等。兄弟两人很惭愧，互相推让，最终都成为善人。有个人的牛毁坏了李士谦的田地，李士谦把牛牵到凉快的地方喂着，比牛的主人照顾得还好。他看见有人偷割他的禾黍，却默默地避开。他的家童曾抓住一个偷粟的，李士谦安慰这人说："这是贫穷所致，不应该责备。"就让人立刻放了他。

后来，他拿出自家的数千石粮食，借给同乡人。恰逢这年谷物收成不好，欠债的人没有能用来偿还的东西，都来向李士谦道歉。李士谦说："我家多余的粮食，本来就是想用来救济别人的，难道是为了图利吗？"于是把向他借债的人全部召集在一起，为他们摆下丰盛的酒席，当着他们的面烧毁了所有契约，说："你们的债全勾销了，希望不要再为此挂念了。"而后，李士谦让借债的人各自回去。第二年，粮食大丰收，欠债的人都争相来向他还债，李士谦拒绝了，一点都没有接受。有一年又遇上饥荒，很多人都饿死了，李士谦又拿出他家所有的钱，买来米做成粥供给那些挨饿的人，成千上万的人依靠他存活了下来。到了春天，他又拿出粮食种子，分给那些贫困的人家。因此赵郡的农民都非常感激他。

【义理揭示】

李士谦的种种行为可以用"义"字来概括。最初，家境殷实给了他仗义助人的先决条件，所以他帮助无钱殓葬的人下葬，出钱平息分家不均的纠纷，甚至别人偷盗他家的粮食，他也可以淡然处之。这些义举自可以说是因为他并不缺钱，资助他人、宽容他人无伤李家的财力。后来，当他以自家数千石粮食借贷给同乡人，且遇歉收后焚券免债时，李家的财力已经不如从前了，在这样的情况之下，李士谦行善依旧，这种义举就显得非同寻常了。所以，李士谦的乐善好施并不是富有者仰仗财富对贫穷者高高在上的施舍，而是其崇高道德使然。在李士谦救助他人的行为背后，其实是中国传统社会一以贯之的仁厚美德。

七 宋清善药济人

【原文选读】

宋清，长安西部药市人也。居①善药，有自山泽来者，必归宋清氏，清优主②之。长安医工得清药辅其方，辄易雠③，咸誉清。疾病疕疡④者，亦皆乐就清求药，冀速已⑤。清皆乐然响应。虽不持钱者，皆与善药。积券⑥如山，未尝诣取直⑦。或不识，遥与券，清不为辞。岁终，度不能报⑧，辄焚券，终不复言。市人以其异，皆笑之，曰："清蚩妄人⑨也。"或曰："清其有道者⑩欤？"清闻之曰："清逐利以活妻子耳，非有道也。然谓我蚩妄者，亦谬。"

清居药四十年，所焚券者百数十人。或至大官，或连数州⑪，受俸博⑫，其馈遗清者相属于户⑬。虽不能立报而以赊死者⑭千百，不害清之为富也。

（选自唐·柳宗元《宋清传》）

注释：

①居：储存。

②主：对待。

③辄易雠（chóu）：往往容易出售。雠，出售，成交。

④疕（bǐ）疡（yáng）：泛指疮和溃疡。

⑤冀速已：希望快些消除病痛。已，停止，这里指的是消除伤痛。

⑥券：债券，借据。

⑦诣取直：前去索取买药钱。直，通"值"，这里指买药钱。

⑧度不能报：估计不能偿还。报，偿还。

⑨蚩（chī）妄人：痴傻蠢笨的人。蚩，傻。

⑩有道者：有德有才或通达事理的人。

⑪或连数州：有的人同时管理几个州。

⑫受俸博：接受朝廷的俸禄多。

⑬相属（zhǔ）于户：一个接着一个到家里来。属，连接，继续。

⑭赊死者：带着赊账而死去的人。

【文意疏通】

宋清是长安西边药材市场的商人。他收存上好的药材，有从山野采药归来的人，一定会把药材送到宋清这里，宋清总是优厚地对待他们。长安的医生如果能得到宋清的药材来辅助自己开出的药方，那么他们的药方往往特别容易售出，因此大家都称赞宋清。那些罹患脓疮、溃疡的患者，也都愿意到宋清那里买好药，希望病快点好。宋清总是非常乐意地答应他们的要求。哪怕是没带现钱的人，宋清也都给他好的药材。慢慢地，买药的借据、欠条堆积得像小山一样高，宋清也从不曾径直前往患者家里收账。有的病人宋清并不认识，只是对方从远方给了张欠条来赊药，宋清也不拒绝对方。等到年终岁末的时候，宋清估计对方不能还债了，就会一把火烧掉债券，过了之后也不再提及此事。一些商人认为宋清的做法太过奇怪，都嘲笑他说："宋清是个痴愚狂妄的人啊！"也有人说："宋清大概是个境界极高，通达事理的有道者吧！"宋清听了这话后说："我只是个经商赚钱来养活妻子儿女的人罢了，并不是个通达事理的有道者。然而说我痴愚狂妄的人也确实说错我了。"

宋清搜集经营药材四十多年，烧掉了一百多人的债券。后来，这些人中有的做了大官，有的同时管理好几个州，他们享受的俸禄很丰厚，到宋清家里馈赠谢礼的人络绎不绝。即使不能立刻得到患者的回报，甚至带着赊欠的账单死去的患者有千百个人，但是这些都不妨碍宋清成为富有的人。

【义理揭示】

作为商人，宋清能不计较眼前利益得失实属难得。尽管文末提及昔年赊账的病患身居要位后对宋清给予丰厚的回馈，但宋清卖药本身并不是要处心积虑去谋取长远利益，他只是从善心出发，想用好药来帮助人们祛除病痛，诚实经营。他自己并不认为自己有多高尚，用他的话说，卖药只是为了养活妻儿，但他的行为确实是真正不计利益的善举。也许柳宗元是想要借《宋清传》来达成"善有善报"的教化目的吧，传记结尾特地提到纵使那么多人赊欠药款，宋清依然富甲一方，这也许就是慈善的多赢在社会生活中的理想体现吧。

八 范仲淹兴建义庄

【原文选读】

（一）

公天性喜施与，人有急必济之，不计家用有无。既显①，门中如贫贱时，家人不识富贵之乐。每抚边，赐金良厚②，而悉以遗将佐③。在杭，尽余俸买田于苏州，号义庄，以聚疏属④。而敛无新衣，友人醵资⑤以奉葬。诸孤无所处，官为假屋⑥韩城以居之。

（选自北宋·富弼《范文正公墓志铭文》）

（二）

范文正公轻财好施，尤厚于族人。既贵，于姑苏近郊，买良田数千亩，为义庄，以养群从⑦之贫者。择族人长而贤者一人主其出纳，人日食米一升，岁衣缣⑧一匹，嫁娶丧葬，皆有赡给⑨。聚族人仅⑩百口。公殁逾四十年，子孙贤令⑪，至今奉公之法⑫，不敢废弛⑬。

（选自北宋·王辟之《渑水燕谈录⑭·卷四》）

注释：

①显：仕途通达。

②每抚边，赐金良厚：每次镇守边疆，都会得到十分丰厚的赏赐。抚边，镇守边疆。

③将佐：比自己地位级别低的军官及佐吏。

④疏属：远亲，旁系亲属。

⑤醵（jù）资：凑钱，集资。

⑥假屋：租借房屋。

⑦群从：指堂兄弟及诸子侄。

⑧缣（jiān）：细绢。

⑨赡给：周济救助。

⑩仅：将近。

⑪贤令：贤德美好。

⑫奉公之法：遵奉范文正公的规定。

⑬废弛：荒废懈怠，败坏。

⑭渑（miǎn）水燕谈录：宋代王辟之所著的史料笔记。

【文意疏通】

（一）

范文正公天性乐善好施，别人有困难他必定会想方设法救助，从不考虑家中是否还有钱财过活。他仕途通达身居高位后，家中经济状况依然像从前一样，家里人完全不知道富贵的生活是怎样的。他每次镇守边疆都会得到皇帝丰厚的赏赐，他把这些赏赐全部分送给军中比自己级别低的官兵。他曾用尽自己多余的俸禄在苏州购买了一块地，建立了义庄来聚集旁系亲属。他死后入殓时甚至都没有一件新的衣服可穿，他的友人为他集资才凑够安葬他的钱。范仲淹身后留下几个孩子居无定所，最后还是官府出面为他们在韩城租借房屋安置。

（二）

范仲淹不重视财富，喜欢施舍他人钱财，对待族人时尤其宽厚。他显贵后，在姑苏靠近外城的地方买了数千亩良田，作为义庄，用来养活比较贫穷的族人。他选出一个辈分高且有贤能的人来管理义庄资金的进出，义庄里，每人每天吃一升米，每年拿一匹细

绢给他们做衣服，另外婚丧嫁娶，都会给他们钱。义庄聚集的族人将近有一百口。范仲淹去世之后四十多年，子孙贤明善良，一直都遵奉范仲淹的规矩，不敢废止义庄。

【义理揭示】

　　早年饱尝贫苦的范仲淹，在成年仕途通达之后，不是及时行乐弥补曾经物质上的欠缺，而是推己及人、尽己所能在物质方面施予他人援手。范仲淹在苏州集资兴建"义庄"的事情，在富弼为其撰写的《范文正公墓志铭文》和王辟之的《渑水燕谈录》中都有提及。在他为族人提供救助物资时，他自己的家人竟然"不识富贵之乐"，这种先人后己的善行既令人赞叹，也令人感动。富贵行善是"老吾老以及人之老"，清廉行善则是"老人老以及吾之老"，范仲淹确实以自己的实际行动做到了"先天下之忧而忧，后天下之乐而乐"。

九 朱承逸代人偿债

【原文选读】

　　朱承逸居霅[1]之城东门，为本州孔目官[2]，乐善好施。尝五鼓[3]趋郡，过骆驼桥，闻桥下哭声甚哀，使仆视之，有男子携妻及小儿在焉。扣[4]所以，云："负势家钱三百千，计息以数倍。督索[5]无以偿，将并命[6]于此。"朱恻然[7]，遣仆护其归，且自往其家，正见债家悍仆[8]，群坐于门。朱因以好言谕[9]之曰："汝主以三百千故，将使四人死于水，于汝安乎？幸吾见之耳。汝亟[10]归告若主，彼今既

无所偿，逼之何益！吾当为代还本钱，可亟以元券^⑪来。"债家闻之，惭惧听命，即如数取付之。其人感泣，愿终身为奴婢，不听，复以二百千资^⑫之而去。

是岁，生孙名服。熙宁中，金榜第二人，仕至中书舍人。次孙肱，亦登第，著名节，即著《南阳活人书》者。服子彧^⑬，即著《萍洲可谈》者，遂为吾乡名族焉。

天之报善，昭昭^⑭也如此。

（选自南宋·周密《齐东野语·朱氏阴德》）

注释：

①霅（zhà）：浙江省湖州市的别称，因境内有霅溪而得名。

②孔目官：旧时官府衙门里的高级吏人，掌管狱讼、账目、遣发等事务。

③五鼓：即"五更"，天将明时。

④扣：通"叩"，询问。

⑤督索：催讨。

⑥并命：此处指一家人一起赴死。

⑦恻然：哀怜、悲伤的样子。

⑧悍仆：凶悍的仆人。

⑨谕：告诉。

⑩亟（jí）：立刻，马上。

⑪元券：原来的借据。

⑫资：资助，帮助。

⑬服子彧（yù）：朱服生儿子，名叫朱彧。

⑭昭昭：清楚、明白。

【文意疏通】

　　朱承逸居住在湖州城东门，担任湖州的孔目官，乐善好施。有一天，他在五更时分赶往郡府，经过骆驼桥，听到桥下传来特别悲哀的哭声，他让仆人下去察看，只见一男子带着妻儿在那里。朱承逸问他为什么悲哭，男子说："我欠债主家钱三百千，连本带利已数倍。债主追讨不止，家中无以偿还，全家准备在此投河自尽。"朱承逸听后非常同情，派仆人护送其回家，并亲自前往那个人的家，正见债主家一群凶悍的仆人群坐在男子家门口。朱承逸用好话劝告他们说："你家主人因为三百千钱的缘故，将使他们一家四口死在河中，你们这些人能安心吗？幸亏被我看见了。你们赶紧回去告诉你家主人，他现在既然没有什么东西拿来还债，逼迫他又有什么好处呢！我当替他代还本钱，你们可将原债券马上拿来。"债主听说了这件事，既惭愧又恐惧，就听朱承逸的劝告，如数收取了债款并交还了债券。欠债男子感动得哭了，表示愿意终身替朱承逸当奴婢，朱承逸不答应，又拿了二百千钱资助给他后才离去。

　　这一年，朱家迎来小孙子，名字叫朱服。在熙宁年间，朱服高中金榜榜眼，做官做到中书舍人。后来朱家又有了一个孙子叫朱肱，也考中进士，享有清名，就是后来写成《南阳活人书》的作者。朱服又生下儿子朱彧，就是写成《萍洲可谈》的作者。朱氏这一族于是就成了我故乡的名门望族。

　　上天要回报行善之人，正是如此清楚明白啊。

【义理揭示】

　　朱承逸的"善"不仅仅表现在代人还债上。当他在欠债男子家门口遇到债主家悍仆时，他以世间情理晓谕悍仆，讨债固然合理，但假若因为讨债逼得他人家破人亡，即便讨得钱，拿到这笔钱的人也会于心不安。总而言之，朱承逸的"善"既包含了急人之困，也包含着劝诫他人向善的正义感。代人还钱只是救了一家四口，引导他人走正途的"善"的精神传播开去，才是更为广义的行善。

十 郑板桥嘱弟行善

【原文选读】

（一）

刹院寺祖坟，是东门一枝①大家公共的，我因葬父母无地，遂葬其傍。得风水力，成进士，作宦数年无恙。是众人之富贵福泽，我一人夺之②也，于心安乎不安乎！可怜我东门人，取鱼捞虾，撑船结网；破屋中吃粃糠，啜麦粥，搴取荇叶蕴头蒋角煮之③，旁贴荞麦锅饼，便是美食，幼儿女争吵。每一念及，真含泪欲落也。汝持俸钱南归，可挨家比户④，逐一散给。南门六家，竹横港十八家，下佃一家，派虽远⑤，亦是一脉，皆当有所分惠。麒麟小叔祖⑥亦安在？无父无母孤儿，村中人最能欺负，宜访求而慰问之。徐宗于、陆白义辈，是旧时同学，日夕相征逐⑦者也。犹忆谈文古庙中，破廊败叶飕飕，至二三鼓⑧不去；或又骑石狮子脊背上，论兵起舞，纵言天下事。今皆落落未遇⑨，亦当分俸以敦凤好⑩。凡人于文章学问，辄自谓己长⑪，科名唾手而得，不知俱是侥幸。设我至今不第，又何处叫屈来，岂得以此骄倨朋友！敦宗族，睦亲姻，念故交，大数既得；其余邻里乡党，相周相恤，汝自为之，务在金尽而

止。愚兄更不必琐琐矣。

（选自《郑板桥家书·范县署中寄舍弟墨》）

（二）

天寒冰冻时暮，穷亲戚朋友到门，先泡一大碗炒米送手中，佐以酱姜一小碟，最是暖老温贫之具。

愚兄平生最重农夫，新招佃地人[12]，必须待之以礼。彼称我为主人，我称彼为客户，主客原是对待之义，我何贵而彼何贱乎？要体貌[13]他，要怜悯他；有所借贷，要周全[14]他；不能偿还，要宽让他。

（选自《郑板桥家书·范县署中寄舍弟墨第四书》）

注释：

①东门一枝：郑氏在东门这一支派。

②我一人夺之：我一个人占有了东门这一支派的福分。

③搴（qiān）取荇叶蕰头蒋角煮之：摘取荇菜叶、蕰头、蒋角（三种水生野菜）煮吃。

④挨家比户：一家接着一家，一户挨着一户。

⑤派虽远：支派虽然很远。意思是属于远房亲戚。

⑥叔祖：父亲的叔父。

⑦相征逐：指朋友频繁交往、相互宴请。

⑧二三鼓：二更时分、三更半夜。

⑨落落未遇：孤独落寞，不得志。

⑩以敦夙好：来亲厚当年的老朋友。

⑪自谓己长：认为自己擅长。

⑫佃地人：租种（自己）土地的人。

⑬体貌：以礼貌来待人。

⑭周全：帮助成全。

【文意疏通】

（一）

刹院寺处的祖坟，是郑氏东门这一支大家公共的坟地，我因无地埋葬父母，就把他们安葬在了祖坟旁边。借助这块土地的好风水，我考中了进士，做官多年没有遭受祸患。这是大家的富贵福分，却都被我一个人夺走了，因此我在心里感觉到不安啊！我们东门一支非常让人同情，他们打捞鱼虾，撑船织网；破屋里一起吃糠喝粥，随便摘点水生植物的叶子就煮来充饥，旁边再贴一圈荞麦饼就是美食，如此粗陋的食物也引得小孩子们为之争抢。每想到这种情形，我真想落泪啊。弟弟，你拿着我的俸禄回到南方故乡去，可以挨家挨户把钱分给他们去改善生活。南门六户人家，竹横港十八户人家，下佃一户人家，这些人家虽然属于远亲，但也是我们同一血脉的族人，都应该分得一些好处。还有，麒麟小叔祖还在吗？他是个没有父母亲的孤儿，村里人最能欺负他，你应该找到他，也给他一些钱表示慰问。徐宗于、陆白义这几个人，都是我从前的同学，过去我们整天在一起，交往频繁。还记得我们在古庙里谈论文章，在破廊里看落叶随着冷风飘落，到了二更天、三更天也不愿离去；又记得我们骑在石狮子的脊背上，谈论兵法，起身习武，纵谈天下大事。如今他们都还孤独寂寞，未能取得功名，所以应该分一些钱给他们，来巩固和老朋友的良好关系。人对于自己的文章和学问，往往自认为比较擅长，觉得所谓功名是唾手可得的，却不懂得有时候即使有实力，但能否取得功名，都是靠着幸运啊。假如我至今还没有考取进士，又到哪里去叫屈呢，所以怎么能因为考取了功

名就骄傲地对待从前的朋友呢？把这些俸禄花在改善族中风气，使亲戚和睦，巩固朋友间友情上面，对我来说，最重要的事情就做完了；其余的邻居同乡，该周济的该帮助的，你自己看具体情形操办吧，一定要把钱用光才算完成。哥哥我就不每件事都具体交代了。

（二）

天气寒冷之时，穷亲戚穷朋友到家里来，就先用热水泡上一大碗炒米送到他的手里，再配上一小碟酱姜，这就是最好的温暖老人、穷人的东西啊。

哥哥我生平最尊重农夫，对于新招来的租种土地的农夫，一定以礼相待。他称我们是主人，我称他们是客人，主人与客人之间本来就是平等对待的意思，我哪里有什么尊贵，他们又哪里有什么低贱呢？所以要礼貌地对待他，要同情他；他来借东西，那就帮助他；一时还不上，那就宽容他。

【义理揭示】

郑板桥出身贫寒的读书人家，三岁时母亲去世，因此，他对底层百姓的艰辛生活有着切身体会。考取进士之后他并没有把自己当成"人上人"，而是把自己的成功看作是命运对自己的偶然眷顾，那些不幸的人与自己原本没什么不同，只是没有被命运垂青罢了。于是他要把自己的幸运与他人共享，分俸禄给那些没有自己幸运的人，改善他们的生活，且"务在金尽"。的确，每个人在社会中的成功，既要依靠自身的努力，也离不开时代所提供的良好机遇，所以成功人士应该牢记，成功本身就意味着更大的社会责任。切不可在自己攀上高峰后对失败者落井下石，而应学郑板桥体恤社会的弱势群体，让人间遍布温情。

文化倾听

　　乐善好施，顾名思义就是把帮助别人、救济困难当成是自己的快乐。在儒、墨、道、释等多种思想的共同作用下，中国自古以来就有着扶危济困、乐善好施的美德与传统。孟子曾说："恻隐之心，仁之端也。"在他的《齐桓晋文之事》中，他甚至把同情心的概念从人扩展到禽兽。齐王看到牛要赴死时那种发抖的样子，一种同情心油然而生，孟子由此推论，对于百姓也该有这种同情心。既然这种同情心是每个人都具备的，那么"施仁政""行王道"，就是找到初心、再推至天下的过程罢了。墨家更进一步提倡无差别的"兼爱"。道家、佛家，更是把济人看成是修行的重要部分——在六道轮回中，善行可以帮助自己的后代或者是自己的来生积累德行，从而成为一种福报。因此，乐善好施对于古代的士大夫来说，既是修身，又是积福。

　　东汉的严植之，有着极为清高的个人操守。自己辅佐的人获罪，别人都怕受牵连，避之唯恐不及，只有他挺身而出帮助发丧。路上遇人病入膏肓，别人都怕被误解惹麻烦，只有他连病人姓名都不问，就将人带回家中去救治。严植之的所作所为需要极大的勇气。萧子良是南朝最著名的慈善家。他曾因笃信佛教而招致一些人的非议，但在助人济困方面，他恰恰将佛教徒的慈悲襟怀展现得淋漓尽致：无论是谁有了困难，都可以来找他；百姓受灾，他便拿出自己的钱，大力施救；有人贫病无告，他就在自己家后面加盖一排房子，免费收留并医治他们。这些善行，一部分是出于他的责任，

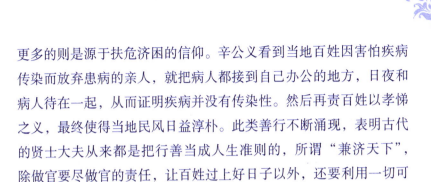

更多的则是源于扶危济困的信仰。辛公义看到当地百姓因害怕疾病传染而放弃患病的亲人，就把病人都接到自己办公的地方，日夜和病人待在一起，从而证明疾病并没有传染性。然后再责百姓以孝悌之义，最终使得当地民风日益淳朴。此类善行不断涌现，表明古代的贤士大夫从来都是把行善当成人生准则的，所谓"兼济天下"，除做官要尽做官的责任，让百姓过上好日子以外，还要利用一切可能在百姓身处困境时造福百姓。

　　为了更好地劝善，封建社会里，人们常常宣扬"善有善报""福泽子孙"这样的宿命论思想。比如《齐东野语·朱氏阴德》中就记载，朱承逸救人、帮别人偿还债务的那一年，朱家刚好添丁增户有了朱服，朱服日后官至中书舍人，而其他子孙也有所成就，让朱氏一门成为当地的名门望族。此类因果报应的说法在民间流传甚广。对此我们应当客观地看待，阴德也好，因果报应也好，当然是种迷信思想，不值得相信，但是善言善行确实能够改变人的气质，影响人的思想，进而成为影响家庭教育的重要因素，有祖辈言传身教，子孙后代出现几个小有成就的名人也是可以理解的吧。

　　修身济民是知识分子的自觉行为，积德求福是民间行善的强大助力。在这两种思想的影响下，读书人乐于行善，民间百姓也同样认可善行，社会也就逐渐形成了一种以行善为荣、以助人为乐的良好之风。特别是每当盛世，天下太平而无战乱之时，民间就会出现大量的善人善举。范蠡作为古代商人的杰出代表，善于致富，更善于"散财"，堪称古代富商扶危济困的第一人。隋朝的李士谦和唐朝的宋清也都是这样的富人。特别是药商宋清经营药材助人不求回报的故事，生动地诠释了追求商业利益与承担社会责任两者可以兼顾。宋清高价收购良药，平价卖出，看似利润微薄，可是当他占领了市场，赢得了口碑之后，医生就成了他忠实的伙伴，患者就成了他最佳的宣传渠道，他的生意自然也就越做越大。对病人来说，买药是来救命的，付得起药费的人可以得到好药，治好了病自然会感激他；付不起药费的人在他这里也能通过赊欠得到好药，自然更加感激他。在他眼里，善心是第一位的，而这恰恰也是医药行业的社会责任所在。从这点上来看，宋清的所作所为对当代社会来说也有重要的启示意义。

与上述这些人相比，郑板桥的善行则兼具传统与现代的特征。一方面，他的行善还是基于宗族的亲疏关系。在考中进士后，他嘱咐弟弟，把薪俸尽散给家族里的穷亲戚和过去的老朋友；向最重要的人表示关心之后，如果还有剩余，再去帮助其他需要帮助的人。另一方面，他对于施惠者与受惠者在人格上的平等有了更深刻的认识。他说，自己与没考中进士的老朋友之间唯一的区别就是自己比较幸运。谈到佃农时，他又说"彼称我为主人，我称彼为客户，主客原是对待之义，我何贵而彼何贱乎？"从这两处都可以看得出，在当时的进步知识分子心中，已经开始有了人格平等的意识。他的善行绝不是高高在上的施舍，而是充满了对受惠者的尊重。互相尊重与人格平等这一点，正是现代慈善的基本特征。

中国古代的行善传统除民间的个人行为之外，还有着鲜明的自上而下的特征。从西周到晚清，中央政府在从事慈善事业上一直没有缺位。每当大灾来临，从京城到地方，各级政府都会开仓放粮，赈济灾民，还有些地方政府成立了一种平抑米价的机构，米价贱时收米，米价贵时平价卖出。历朝历代也都有鼓励各级地方政府和民间大户施粥的传统。汉代"文景之治"时期如此，到北魏孝文帝时期更是如此。宋代是慈善事业发展的高峰，从朝廷到民间，都出现

了大量慈善机构。崇宁五年（1106），北宋中央政府诏令在全国推行福田院、居养院、安济坊、漏泽园等。南宋理宗宝祐四年（1256），政府又命"天下诸州建慈幼局"。在士绅中间则义庄，最典型的当属范仲淹在苏州创建的"范氏义庄"。范仲淹早年生活艰苦，和改嫁的母亲相依为命。或许跟幼年时的这一段经历有关，他在晚年创立了义庄，庇护贫穷的范氏族人，避免其流离失所、迁徙他乡。范氏义庄的规矩详尽，从钱物的发放，到对仓房、田地的管理，对管理者的监督等，都有具体详尽的规定。这一义举也得到了官方的大力支持。范氏后人一直严守祖训，使得义庄前后延续八百多年。范氏义庄可谓开启了古代慈善的一个新时代，很快就成为各地官绅争相效仿的对象。

当然，中国古代的慈善事业也与中国古代思想一样，有其难以摆脱的历史局限性。古代的慈善事业与建立在人格平等与公民的社会责任基础之上的现代慈善事业存在本质差距。这种情况直到20世纪90年代才有重大改观，在短短二十几年的时间里，中国现代慈善事业有了跨越式的发展。最近十年里，城市、乡村到处都活跃着义工和志愿者的身影；许多成功的企业家，也开始把慈善看作是企业转型升级后的主要工作。相信，随着人民生活水平和精神境界的进一步提升，中国的慈善事业会有更加光明的未来。

提起"邵逸夫"这个名字，人们一定不陌生。这个名字曾经与香港的电影业捆绑在一起，与香港富豪排行榜联系在一起，当

然，人们更为熟知的，是那个做慈善的邵逸夫。教育与医疗，是邵逸夫慈善事业的两个重要方面。

1927 年，邵逸夫与三哥邵仁枚开办了南洋影片厂，这是日后声名远扬的邵氏兄弟电影公司的前身，也是为邵逸夫带来亿万财富的源头。在从事影视行业近 60 年的时候，1983 年，邵逸夫着手创办了"邵氏基金会"，长期致力于资助文化教育和慈善事业。据说，邵逸夫之所以会创办这个基金会，与三哥邵仁枚的突发重病有关。当时邵仁枚因中风陷入昏迷，只能靠药物维持生命。邵逸夫感叹人生匆匆，钱财只是身外之物。同时，他也知道，邵仁枚在新加坡对员工吝啬，很少做慈善，因此人们对自己的三哥褒贬不一。"雁过留声，人过留名"，邵逸夫有感于兄长的遭遇，萌生了从事慈善事业之心。

早在 1984 年，邵逸夫便向内地捐款 1000 万港币用于敦煌石窟的文物保护。当时正值改革开放之初，由于资金缺乏，敦煌石窟的文物保护做得十分有限，特别是一些洞窟的外门依然还沿用着抵御风沙效果很差的木门。敦煌研究院根据邵逸夫先生当时的意愿，为莫高窟、榆林窟和西千佛洞三处石窟的洞窟安装了铝合金避光门，为莫高窟 200 多个洞窟内的壁画安置了玻璃屏风。这些门与屏风减少了风沙和人为因素对壁画的破坏，对敦煌石窟的保护起到了十分重要的作用。为了纪念邵逸夫先生捐赠巨款保护敦煌壁画的爱国义举，敦煌研究院为这位慈善家竖立了纪念碑。2007 年，百岁高龄的邵逸夫又前往敦煌考察，了解到捐款项目在莫高窟文物保护中发挥的作用，老人非常欣慰。他希望莫高窟作为人类历史上难以复制的文化遗产和艺术宝库可以被永久地保存下去。

捐出 1000 万港币的敦煌文物保护善款之后，邵逸夫将做慈善

的目标逐渐转向了中国内地，于是越来越多的国人开始了解到一个作为慈善家的邵逸夫。

1987年4月17日，在阔别故乡60多年后，邵逸夫第一次回到故乡宁波探亲。看到故乡的发展，邵先生在欣慰之余也希望故乡能有更广阔的发展平台。据统计，从1986年到2013年，邵逸夫在家乡捐建的公益项目达20多个，捐赠金额折合人民币超过4000万元。为感谢并铭记邵先生的善举，1993年宁波市政府授予这位慈善家"荣誉市民"称号。

中国内地的许多大学内都可见以邵先生的名字命名的"逸夫楼""逸夫体育馆""逸夫图书馆"，这些建筑均是邵逸夫通过"邵逸夫基金会"与教育部合作捐资兴建，它们不但改善了内地高校的教学环境，同时也传达着邵逸夫这位大慈善家对"知识改变命运"理念的认同与践行。

除了给故乡宁波与内地高校捐资外，邵逸夫也关注着内地的文化产业发展。1984年，位于上海市中心的京剧表演中心天蟾舞台一根大柱突然发生倾斜，亟须翻建维修。但因为维修资金缺乏，翻建计划一再搁浅，这座具有几十年历史的京剧舞台不得不因此长期关闭。1990年，邵逸夫捐资600万港币，配合上海市政府对剧场进行了全面翻修，为铭记此善举，天蟾舞台从此更名"天蟾京剧中心逸夫舞台"。据有关资料显示，截至2012年，邵逸夫共捐赠内地的科教文卫事业47.5亿港币，捐建项目总数超6000个。其中80%以上为教育项目，受惠学校千余所。

1990年，中国科学院紫金山天文台为表彰邵逸夫对中国科学教育事业的贡献，将一颗新发现的行星命名为"邵逸夫星"。

"赠人玫瑰，手有余香。"邵逸夫先生自20世纪80年代中期开始向祖国内地投入善款，2014 年，邵逸夫以 107 岁高龄仙逝，各地网友纷纷以晒出身边"逸夫楼"的方式表达对这位慈善家的感恩与怀念。邵逸夫播撒下的慈善种子相继在祖国大地开出花朵，许多功成名就的企业家效仿邵先生之举，在教育、医疗等诸多领域献出自己的一份爱心。乐善好施正重新成为我们时代的主题。

文化感悟

1. 阅读本章故事，请简要分析哪些思想影响了中国古人的善行。

2. 以本章中故事为例，分析古代善行的历史局限性。

3. 阅读下面一段材料：

白芳礼，天津一位平凡的退休工人。在十多年的时间里，他顶着风吹日晒，奔波劳累在街头，用他省吃俭用、蹬三轮车积攒的近 35 万元，资助了近 300 名学生的学费与生活费。

请自选一个角度，谈谈你的看法。